长江经济带城市群高质量发展评价

李凤鸣　齐英瑛　刘宇佳　吴　琴　著

吉林科学技术出版社

图书在版编目（CIP）数据

长江经济带城市群高质量发展评价 / 李凤鸣等著.
长春：吉林科学技术出版社, 2024. 6. -- ISBN 978-7
-5744-1514-0

Ⅰ. F299.275

中国国家版本馆 CIP 数据核字第 2024PA5496 号

长江经济带城市群高质量发展评价

著 李凤鸣 齐英瑛 刘宇佳 吴 琴
出 版 人 宛 霞
责任编辑 王宁宁
封 面 许 康
制 版 陶 勇
开 本 710mm×1000mm 1/16
字 数 205 千字
印 张 11
版 次 2025 年 1 月第 1 版
印 次 2025 年 1 月第 1 次印刷
出 版 吉林科学技术出版社
发 行 吉林科学技术出版社
地 址 长春市福祉大路 5788 号出版大厦
邮 编 130021
网 址 www.jlstp.net
印 刷 三河市悦鑫印务有限公司
书 号 ISBN 978-7-5744-1514-0
定 价 90.00 元

前　言

我国经济发展已迈入崭新的时代，以城市群为核心的区域协同发展成为新时期我国经济社会发展战略中重要的一个环节。有效提升我国各地区城市群的高质量发展，不仅是保证我国经济稳定发展并持续增长的关键，也是实现我国经济社会高质量发展、创造高品质生活的重要保障。对长江经济带城市群高质量发展开展研究，不仅可以清晰地了解长江经济带城市群发展的基本情况，对于进一步完善长江经济带城市群高质量发展并促进区域高质量协调发展具有重要的现实意义。

本书第 1 章为绪论，主要介绍了本文的研究背景、研究意义，对长江经济带城市群高质量发展相关研究进行了回顾。第 2 章是先对长江经济带城市群的 相关概念进行了界定，然后介绍了与本书相关的理论，包括经济增长与发展相关理论、地理空间相关理论、区域创新与协调发展相关理论、环境与可持续性相关理论。第 3 章简要分析了长江经济带城市群发展现状，先介绍了长江经济带战略的发展历程，然后分别介绍了长江经济带城市群的生态发展现状、经济发展现状和社会发展现状。第 4 章运用 TOPSIS 方法，从生态资源、生态压力、生态保护三个方面对长江经济带城市群生态高质量发展进行了评价，在此基础上对城市生态水平障碍因子进行了诊断。第 5 章首先对长江经济带城市群的经济发展水平进行了综合评价，再分别从创新、协调、开放、绿色和共享五个维度对长江经济带城市群经济高质量发展进行了评价。第 6 章先对长江经济带城市群社会高质量发展进行了分析，再从医疗卫生、文化教育、人民生活、社会保障以及城市设施，并对长江经济带三大城市群进行了对比分析。第 7 章介绍了国内外城市群高质量发展的经验，国内城市群包括京津冀城市群和粤港澳大湾区城市群，国外城市群包括美国东北部大西洋沿岸城市群和日本太平洋沿岸城市群。第 8 章为本书的研究结论和政策建议。

基于以上研究逻辑和结果，本书得出以下研究结论：

（1）长江经济带城市群的生态高质量发展方面，本文从生态资源、生态压力、生态保护三个维度，从水资源、森林资源、土地资源、大气污染、污染物和有害生物等几个方面对长江经济带城市群的生态高质量建设进行了评价。研究发现，各城市群在生态保护和可持续发展方面采取了一系列的措施和行动后，长江经济带三大城市群的生态综合水平逐渐提升，特别是长江中游城市群取得了显著的进展。在城市群层面，长三角城市群地理位置优越，拥有发达的交通网络和良好的港口条件，使得长三角地区最早进入工业化发展，并吸引了大量的人口和资本，长期以来的高强度经济活动和集约化的工业发展使得该地区面临着严重的环境污染和环境压力，为此，长三角城市群各区省加大环境保护投入，并采取了一系列措施来减少污染和改善环境状况。长江中游城市群在生态建设和经济发展之间相对取得了较好的平衡，但是区域内各省份生态环境保护效果差距较大，跨省合作有待加强。川渝城市群地区拥有丰富的生态资源，包括大片的森林、山地、水域和自然保护区等，但是存在资源分布不均匀的问题，此外，受限于地形地势，交通建设相对困难，工业化发展相对较晚较慢，经济实力相对较弱，因此在生态环境建设方面的投入相对有限，但是，由于地貌崎岖，一些自然环境相对较难被干扰和破坏，使得川渝城市群的一些地区相对保持了较好的生态环境基础。

（2）长江经济带城市群的经济发展方面，本文首先对长江经济带城市群的经济高质量进行了综合评价，再分别从创新、协调、开放、绿色、共享五个方面对长江经济带城市群的经济高质量发展进行了评估。长江经济带地区存在明显的经济水平空间差异。中下游城市拥有长江黄金水道的区位和交通优势，对外开放较早，拥有更多发展机遇，经济发展水平高于上游城市；中心城市、副中心城市和直辖市作为区域政治经济中心，受到政策和资源的支持，经济发展水平高于其他城市。从长江经济带三大城市群经济发展趋势来看，在长三角城市群，上海、苏州、杭州和南京等核心城市在产业结构调整、技术创新和国际合作方面取得了显著成就，经济发展相对成熟，带动了周边地区的经济增长，形成了一个高度联动的经济区域，推动了长三角地区的整体经济水平的提高；长江中游城市群以武汉、长沙和南昌为核心城市，这些城市在制造业、高新技术产业和服务业方面具有较强的实力和潜力，通过产业升级和创新驱动，推动了该地区的经济增长和发展；川渝城市群以重庆和成都为核心城市，随着西部大开发战略的实施，重庆和成都等城市在基础设施建设、产业发展和区域合作方面取得了显著成果，推动了川渝地区经济的快速增长。这些核心城市通过产业带动、人才流动、市场辐射提高整个区域的经济效益和发展水平，在整个长江经济带经济发展中充分发挥引擎作用。

（3）长江经济带城市群的社会高质量发展方面，本书构建了包含医疗卫生、文化教育、人民生活、社会保障、城市设施五个维度的评价指标体系，采用熵权 TOPSIS 法对长江经济带三大城市群社会发展指数进行了测算，并借鉴 Dagum 基尼系数方法对长江经济带城市群社会发展水平的区域差异并予以分解。测算结果显示，2010—2021 年长江经济带城市群社会发展水平总体呈现出上升的发展趋势，期间发展过程可分为"缓慢上升—平稳波动—较快增长"三个阶段。第一阶段是从 2010 年的 0.15 上升到 2013 年的 0.17，增长了 13.33%；第二阶段是从 2014 年到 2016 年，社会发展水平保持平稳向好态势；第三阶段是从 2017 年的 0.19 上升到 2021 年的 0.24，社会发展水平较之前增速加快，增长了 26.3%。从各维度来看，社会保障和文化教育是长江经济带社会发展的主要驱动力，根据社会发展测度指标体系来看，医疗保险参保率的权重最高，反映了医疗保险参保率对长江经济带城市群社会发展起主要影响作用。其次是万人在校大学生数和人均公共图书馆藏书量，两者对长江经济带城市群社会发展起重要影响作用，体现了文化教育是社会发展的基石。长三角和长江中游城市群社会发展的短板主要在于社会保障方面，而成渝城市群社会发展的短板主要在于文化教育方面，各维度指标大都呈现出"东部高、中西部低"的地区非均衡性。从不同区域来看，社会发展水平最高的为长三角城市群，其次是成渝城市群，最低的是长江中游城市群，但长江中游城市群社会发展水平是增长速度最快的。从长江经济带城市群社会发展水平的区域差异分解来看，在考察期内，长江经济带城市群社会发展水平落后的地区正不断追赶发展水平较高的地区，从而使得总体差异正在逐步缩小。从不同城市群来看，长江中游地区社会发展水平的区域内差异最大，长三角地区次之，成渝地区最小，表明长江中游城市群社会发展不平衡最为严重，而成渝城市群社会发展协同性最好。

作 者

2024 年 1 月

目　　录

第 1 章　绪论 1

　　1.1　研究背景 1

　　1.2　研究意义 2

　　1.3　文献回顾 4

第 2 章　相关概念和相关理论 28

　　2.1　长江经济带城市群 28

　　2.2　理论基础 36

第 3 章　长江经济带城市群发展现状 55

　　3.1　长江经济带战略发展历程 55

　　3.2　长江经济带城市群生态发展现状 59

　　3.3　长江经济带城市群经济发展现状 62

　　3.4　长江经济带城市群社会发展现状 67

第 4 章　长江经济带生态高质量发展评价 71

　　4.1　长江经济带生态水平评价体系 71

　　4.2　研究范畴 74

　　4.3　数据来源和测度方法 74

　　4.4　城市群生态水平综合评价 75

　　4.3　城市群生态资源评价 76

　　4.4　城市群生态压力评价 80

　　4.5　城市群生态保护评价 91

　　4.6　城市生态水平障碍因子诊断 96

　　4.7　主要结论 99

第 5 章　长江经济带城市群经济高质量发展评价 102

　　5.1　长江经济带经济水平评价体系 102

5.2 研究范畴 106

5.3 数据来源和测度方法 106

5.4 城市群经济发展评价 107

5.5 主要结论 123

第 6 章 长江经济带城市群社会高质量发展评价 125

6.1 长江经济带城市群社会发展评价指标体系 126

6.2 长江经济带城市群社会发展测度 127

6.3 长江经济带城市群社会发展测度结果分析 130

6.4 三大城市群社会发展区域差异分析 136

6.5 主要结论 140

第 7 章 国内外城市群高质量发展的经验借鉴 142

7.1 国内城市群经验借鉴 142

7.2 国外城市群经验借鉴 146

第 8 章 研究结论与政策建议 148

8.1 研究结论 148

8.2 政策建议 150

参考文献 158

第1章 绪 论

1.1 研究背景

党的第十九次报告中提出，我国经济已经由高速增长阶段转向高质量发展阶段，正处于转变发展方式、优化经济结构、转换增长动力的攻关期。这表示随着我国社会主义现代话建设的深入推进，我国的经济发展已经迈入了新的发展阶段。

长江流域自西向东，横跨我国东、中、西三大区域，具有得天独厚的区位优势和巨大的发展潜力，在我国的总体发展格局中具有重要的战略地位。长江作为我国第一大河，世界第三长河，是货运量位居全球内河第一的黄金水道。长江流域在我国的经济发展中占有重要地位，长江经济带覆盖上海、江苏、浙江、安徽、江西、湖北、湖南、重庆、四川、云南、贵州等11个省市，人口和生产总值均占全国的40%以上，在我国经济发展中具有举足轻重的地位。长江流域沿线城市如武汉、上海、重庆等对我国早期工业化和城市现代化进程具有重要的推动作用。

自党的十八大以来，以习近平同志为核心的党中央对长江经济带的发展高度关注，并对长江经济带发展问题进行了多次探讨。2013年7月，习近平总书记在武汉调研时指出，长江流域要加强合作，发挥内河航运作用，把全流域打造成黄金水道。2014年9月，《国务院关于依托黄金水道推动长江经济带发展的指导意见》指出，打造长江经济带要从综合交通、产业转型、新型城镇化、全方位对外开放、绿色生态、区域协同等发展机制入手。2014年12月，习近平总书记作出重要批示，强调长江通道是我国国土空间开发最重要的东西轴线，在区域发展总体格局中具有重要战略地位，建设长江经济带要坚持一盘棋思想，理顺体制机制，加强统筹协调，更好发挥长江黄金水道作用，为全国统筹发展提供新的支撑。2016年1月，习近平总书记在重庆召开推动长江经济带发展座谈会并发表重要讲话，全面深刻阐述了长江经济带发展战略的重大意义、推进思路和重点任务。此后，习近平总书记又多次发表重要讲话，强调推动长江经济带发展必须走生态优先、绿色发展之路，涉及长江的一切经济活动都要以不破坏生态环境为前提，共抓大保护、不搞大开发，共同努力把长江经济带建成生态更优美、交通更顺畅、经济更协调、市场更统一、机制更科学的黄金经济带。2016年9月，《长江经济带发展规划纲要》正式印发，提出了"一轴、两翼、三极、多点"的格局。2023年10月，习近平总书记在江西调研期间也再次强调，坚持共抓大保护、不搞大开发，坚持生态优先、绿色发展，以科技创新为引领，统筹推进生态环境保护和经济社会发展，加强政策协同和工作协同，进一步推动长江经济带高质量发展，更好支撑和服务中国式现代化。由此可见，在新的时代背景下，长江经济带高质量发展被赋予了新的历史使命。

但同时也要看到，长江流域生态环境保护和高质量发展正处于量变到质变的关键时期，取得的成效还不稳固，客观上也还存在不少困难和问题，要继续努力加以解决，长江经济带发展不平衡不充分的问题依然存在，过度开发带来的环境污染、资源浪费和生态破坏等问题依然严重，发展支撑点单一以及产业布局不均衡等问题仍然突出，各城市群之间的协调发展机制还不够健全问题也始终存在，推进长江经济带高质量发展还存在许多卡点，科技创新能力也有待提升。因此，有必要对长江经济带高质量发展进行深入研究和系统评价，从而为提升我国区域经济增长质量建言献策。

1.2 研究意义

1.2.1 理论意义

长江经济带高质量发展在本质上对经济增长方式提出了更高的要求，近年来，长江经济带的开发和建设工作在《长江经济带发展规划纲要》的指导下进行了深入推进，关于长江经济带发展的研究也日益丰富。但作为区域经济可持续发展的客观要求和长江经济带高质量发展的重要保障，长江经济带城市群高质量发的研究尚待深入。从理论上而言，对长江经济带城市群高质量发展进行综合评价的意义有以下几点：首先，有利于加强学科之间的交叉融合，区域经济发展涵盖了经济、社会、生态、政治、制度、科技等各个领域，区域经济高质量发展的测度也涉及了经济学、统计学、地理学等学科，在对长江经济带城市群高质量发展评价的过程中，将推动不同学科之间的融合，完善区域经济高质量发展评价的方法体系。其次，有利于推动区域经济高质量发展理论研究的拓展，当前对于区域经济发展质量的评价体系尚不完善，评判标准也未统一，区域经济高质量发展还缺少系统科学的评价和决策。在当前生态与环境的约束下，长江经济带既要强调经济发展，又要注重生态环境建设，还要提高区域协调和创新能力，对评价体系的构建提出了较高要求。通过建立长江经济带城市群经济、生态、社会的综合评价体系，有助于完善现有区域经济发展质量评价体系。

1.2.2 现实意义

长江经济带横跨我国东中西三大区域，覆盖上海、江苏、浙江、安徽、江西、湖北、湖南、重庆、四川、云南、贵州等 11 省（市），6 亿人口，面积约 205 万平方公里，GDP 占全国 45%，具有独特优势和巨大发展潜力。推动长江经济带高质量发展，是党中央、国务院主动适应把握引领经济发展新常态，科学谋划中国经济新棋局，作出的既利当前又惠长远的重大决策部署，对于实现"两个一百年"奋斗目标和中华民族伟大复兴的中国梦，具有重大现实意义和深远历史意义。推动长江经济带发展，有利于走出一条生态优先、绿色发展之路，让中华民族母亲河永葆生机活力，真正使黄金水道产生黄金效益；有利于挖掘中上游广阔腹地蕴含的巨大内需潜力，促进经济增长空间从沿海向沿江内陆拓展，形成上中下游优势互补、协作互动格局，缩小东中西部发展差距；有利于打破行政分割和市场壁垒，推动经济要素有序自由流动、资源高效配置、市场统一融合，促进区域经济协同发展；有利于优化沿江产业结构和城镇化布局，建设陆海双向对外开放新走廊，培育国际经济合作竞争新优势，促进经济提质增效升级，对于实现"两个一百年"奋斗目标和中华民族伟大复兴的中国梦，具有重大现实意义和深远历史意义。

此外，党的二十大报告指出，我国经济已由高速增长阶段转向高质量发展阶段，正处于转变发展方式、优化经济结构、转换增长动力的关键时期。对长江经济带城市群高质量发展进行综合评价还能够有助于对接国家重大战略，为我国加快经济发展方式转变和区域经济协调发展建言献策。

1.3　文献回顾

1.3.1 城市群相关研究

对于城市群形成、演化及发展，不同的研究者从不同角度进行了解读，现已形成丰富的研究成果。与本书相关的文献主要分为三类，第一是城市群的形成和演化的研究，第二是城市群发展的影响因素研究，第三推动城市群发展的路径研究。

1.3.1.1 城市群的形成与演化研究

关于城市群的形成与演化，学者们分别从地理学、人口和产业集聚、交通等方面进行了解释。从地理学角度，Howard 最早提出了由若干个边缘城市围绕中心城市构成城市群组这一概念，开辟了城市群这一研究的先河，Patrick 在此基础上提出组合城市是由众多城镇聚集形成的城市集聚区，Christaller 在 1933 年提出了"中心地理论"，标志着城市体系概念初步形成。法国学者 Jean Gottmann 在对美国东海岸城市发展进行研究后提出了"大都市带"理论，他认为城市群是在某一区域上集中分布的若干特大城市、大城市集聚形成的庞大的、多核心、多层次的城市集团，城市群这一概念也正式诞生。世界著名的城市群有美国东北部大西洋沿岸城市群、北美五大湖城市群、日本太平洋沿岸城市群、英伦城市群和欧洲西北部城市群。从人口和产业集聚的角度，Fujita and Mori 从产业关联性的层面对城市集聚进行了解释，他们认为城市之间产业关联性的增加带动制造业集聚，进而带来工资水平的上涨，吸引剩余劳动力向城市集聚，城市规模因此不断扩大，形成城市群演化的主要动力①。还有部分学者研究了不同产业集聚对城市群

---

① 方创琳. 城市群空间范围识别标准的研究进展与基本判断[J]. 城市规划学刊，2009

形成的影响，都得出一致结论，即人口和产业集聚在城市群的形成和演化过程中发挥了重要促进作用①②。从交通运输角度，也有部分学者研究了交通因素在影响城市群形成和演化的作用，王鹏和李彦运用 DID 模型研究了高铁建设对城市群经济集聚的作用，研究发现高铁建设对于城市群经济集聚梯度效应的实现有显著的促进作用③。陈梦筱以哈长城市群为研究对象，结合要素实际流动量对城市群的演化进行了分析，结果表明，城市群沿交通干线呈"井"字形分布，这是由于交通基础设施加强了城市之间的经济与社会信息流，强调了交通基础设施在城市集聚发展中的作用④。

总体而言，城市群的形成和演化大致经历了一个生产要素在城市间集聚-扩散-再集聚-再扩散的过程，中心城市通过交通、信息等方式和周边相邻城市互相联系，多个城市协同发展，不同的生产要素也在城市间重新分布，最终形成分散性区域集聚城市群。

1.3.1.2 多中心城市群及其形成机理研究

自城市群的研究开展以来，对影响城市群发展因素进行探讨的文献也随之而来，现在已取得较为丰富的研究成果。

城市群空间结构包括单中心空间结构和多中心空间结构。就单中心空间结构来说，Von Thuenen 的区位理论⑤，W.Christaller 和 A.Lösch 中心地理论⑥⑦，以及 Gunnar Myrdal 的循环累积因果关系理论提供了一些理论解释⑧。其中循环累积因果关系理论就表明社会经济因素之间可能存在因果关

（04）：1-6.

① 王雨枫，曹洪军. 中国城市群城镇综合发展测度及影响因素[J]. 中国软科学，2022（04）：87-94+128.

② 曹广忠，陈思创，刘涛. 中国五大城市群人口流入的空间模式及变动趋势[J]. 地理学报，2021，76（06）：1334-1349.

③ 王鹏，李彦. 高铁对城市群经济集聚演化的影响——以中国三大城市群为例[J]. 城市问题，2018（05）：62-72.

④ 陈梦筱. 国家级城市群经济空间联系及演化趋向——以哈长城市群为例[J]. 经济地理，2020，40（05）：99-105.

⑤ 冯·杜能. 孤立国同农业和国民经济的关系[M]. 吴衡康（译），北京：商务印书馆，1986.

⑥ 克里斯塔勒. 德国南部中心地原理[M]. 北京：商务印书馆，2010.

⑦ LOSCH AUGUST. The economics of location[M]. New Haven：Yale University Press. 1954.

⑧ GUNNAR MYRDAL. Economic Theory and Underdeveloped Regions[M]. Harper & Row，

系，一个社会经济因素的微小变化将导致另一个社会经济因素的微小变化。反过来，后一因素的变化可以增强前一因素的变化，从而导致这两个因果社会经济因素在循环累进的方向上向前发展。也就是说，那些首先出现技术创新的城市可以在虹吸效应下发展成为中心城市，然后整个地区形成一个单中心的城市结构。对于多中心城市结构，根据 Friedman 的核心-边缘理论①②和 Krugman 的中心-外围理论①②，它们强调在工业化阶段，随着中心城市社会和经济成本的不断攀升，城市中心产业会向外迁移，进而在城市边缘出现新的增长极。而 Garreau 在 1991 年提出的"边缘城市"概念则是对这一现象的进一步阐释③。国内学者李祎等在对上海昆山和北京新城亦庄进行研究时，发现我国同样存在着"边缘城市"的现象，但由于我国并未经历大规模的逆城市化，所以这种"边缘城市"带有一定的"中国特色"，即快速的城市扩张带来的新城在郊区崛起现象④。可以看出，学者们对于城市结构的研究主要还是集中在微观（城市）视角，对于宏观（城市群）视角的研究则相对有些不足。

此外，对于多中心空间结构的研究还可进一步深入，Hall 就将多中心城市结构分为形态多中心与功能多中心，其中形态多中心是指区域内依据人口分布状况或不同等级城镇的分布状况来解释的城市群空间结构，它主要强调各中心城市的绝对重要性，即人口、就业或是经济表现在城市群内处于核心地位；而功能多中心则是基于功能联系的需要而在地理上发生连接，进而形成多中心城市网络的过程，它更加强调各中心城市的相对重要性，即在多大程度上通过信息流、物流、人流等与外部城市产生协作来实现其中心地位⑤。拥有绝对中心的形态多中心空间结构可以不需要考量周边

1957.

① FRIEDMAN J. R. Regional development policy: a case study of Venezuela[M]. Cambridge: MIT Press，1966.

② 藤田昌久，保罗·克鲁格曼，安东尼·维纳布尔斯. 空间经济学：城市、区域与国际贸易[M]. 梁琦（译），北京：中国人民大学出版社，2005.

③ GARREAU J. Edge City: Life on the New Urban Frontier[M]. New York: A Division of Random House，Inc，1991.

④ 李祎，吴缚龙，尼克. 中国特色的"边缘城市"发展：解析上海与北京城市区域向多中心空间结构的转型[J]. 国际城市规划，2008，(4)：2-6.

⑤ 彼得·霍尔. 多中心大都市：西欧巨型城市区透视[J]. 钱雯（译），城市与区域规划研究，2009（03）：1-17.

城市的影响，但拥有相对中心的功能多中心空间结构则需要通过与外部城市发生链接来实现其中心价值。

关于城市群多中心空间结构形成机理的研究，由于不同国家和地区的现实条件不同，学者们探讨的多中心城市群形成机理就会表现出一定的差异。考虑到欧洲特殊的历史原因，其多中心城市群的形成路径更多的就表现为地理邻近且联系紧密的中小城市逐步实现功能一体化的过程。而地广人稀的美国，多中心城市群的形成则更多的表现为去中心化的过程：城市核心区产业和人口向郊区转移扩散。与国外多中心城市群的形成路径不同，我国有着特殊的国情和差异化的现实基础，政府在城市群的建设中发挥着重要作用。因此，对于我国城市群多中心空间结构的形成机理就需要进行重新审视。

随着改革开放和经济的快速发展，我国的城市群也逐渐快速成长起来，京津冀城市群、长江三角洲城市群、珠江三角洲城市群、中原城市群、成渝双城经济圈、山东半岛城市群等 15 个城市圈在我国形成，城市群在我国的经济发展中发挥着越来越重要的作用。

1.3.1.3 城市群演化动力的机制研究

在对城市群高质量发展的研究过程中，学者们也从多个角度对提升城市群发展质量的路径进行了探究。Dennis and Rondinelli 认为城市竞争力是反映城市经济发展质量水平的核心变量[1]。郝寿义和倪鹏飞指出城市竞争力是提高城市经济发展质量的重要渠道之一，且促进多维城市竞争力是提高中国城市经济高质量发展的重要举措[2]。波特从产业转型视角出发，通过钻石模型探究了影响产业发展的因素，进而提出城市经济的高质量发展要依靠产业转型升级来实现[3]。韩士元在归纳总结城市经济发展一般规律的基础上，指出城市经济发展和生态环境的同向化是推动城市经济高质量发展的有效形式[4]。Zanakis & Becerra-Fernandez 指出不能忽视非经济因

[1] Dennis A. Rondinelli. Urban and regional development planning：policy and administration[M]. Ithaca：Cornell University Press，1975.

[2] 郝寿义，倪鹏飞. 中国城市竞争力研究——以若干城市为案例[J]. 经济科学，1998（03）：50-56.

[3] 迈克尔·波特. 竞争论[M]. 北京：中信出版社，2003.

[4] 韩士元. 城市经济发展质量探析[J]. 天津社会科学，2005（05）：83-85.

素对城市经济高质量发展的重要影响[①]。Benneworth & Hospers 从知识视角出发，强调了人力资本和知识技术在城市经济高质量发展中的重要作用[②]。Chorianopoulos et al.则从土地开发的视角出发，强调了城市在发展过程中要注重土地利用效率和分布格局，盲目开发无益于城市经济高质量发展[③]。

城市群发展演化深层动力机制一直是不同学科努力探讨的重点，不同学科因特色不同而见解不一，经济学强调微观机理注重模型推导与实证检验，地理学、社会学则注重宏观分析。赵勇从经济学视角将动力机制分成经济主体间相互作用、产品差异化产业组织及其产业间联系、知识重要性和人力资本的内生增长理论、集聚外部性的新经济地理学，揭示了发达国家城市（群）形成以及单中心向多中心转变动力机制，分析城市群形成演变的微观机理[④]。刘传江和吕力利用产业集聚扩散模型研究空间等级体系演化与城市合理规模内在机理[⑤]；张亚斌等对中心城市的出现、城市群的形成以及区域圈层经济形态演变进行机制探讨[⑥]；李学鑫从分工、专业化与集聚经济视角分析城市群经济效应，对城市群形成演化机理进行探究。但模型的建立一般基于完全市场经济条件，强调企业在城市群形成与演化中的自组织作用，而忽略政府的干预，这对中国特殊的国情下城市群发展演化解释力不足或存在较大偏差[⑦]。西方理论虽然对城市群的研究较为丰富，但存在难以将国内城市群发展环境（全球化、体制改革等）纳入模型如新经济地理学所强调的运费、规模经济以及要素流动相互作用，使经典区位论获

① Zanakis S H，Becerra-Fernandez I. Competitiveness of nations：A knowledge discovery examination[J]. European journal of operational research，2005，166（1）：185-211.

② Benneworth P，Hospers G J. Urban competitiveness in the knowledge economy：Universities as new planning animateurs[J]. Progress in planning，2007，67（2）：105-197.

③ Chorianopoulos I，Pagonis T，Koukoulas S，et al. Planning，competitiveness and sprawl in the Mediterranean city：The case of Athens[J]. Cities，2010，27（4）：249-259.

④ 赵勇. 国外城市群形成机制研究述评[J]. 城市问题，2009（08）：88-92.

⑤ 刘传江，吕力. 长江三角洲地区产业结构趋同、制造业空间扩散与区域经济发展[J]. 管理世界，2005（04）：35-39.

⑥ 张亚斌，黄吉林，曾铮. 城市群、"圈层"经济与产业结构升级——基于经济地理学理论视角的分析[J]. 中国工业经济，2006（12）：45-52.

⑦ 李学鑫，苗长虹. 城市群经济的性质与来源[J]. 城市问题，2010（10）：16-22.

得新的解释力，但模型本身忽视了地租以及政府作用效应①。宁越敏根据哈维资本城市化理论指出要从政府、企业、个人角度分析中国城市化多元动力机制②；张庭伟指出中国城市—区域空间演变应综合考虑政府、市场、社区等多方力量，尤其要注意到政府空间规划、发展战略等对空间结构所造成的巨大影响③；戴学珍等认为政府行为和交通、政策引导的点轴机制是京津冀空间扩张重要动力④；石崧研究城市空间演化动力机制后概括出基础推动力、内在驱动力和外在动力三种作用力，认为政府始终是城市空间演变发展的强大外在动力⑤；叶玉瑶将城市群空间演化归结为自然生长力、市场驱动力、政府调控力，通过三者作用机制与合成原则构建空间演化模型，强调城市区域规划是政府主动干预、引导空间发展主要政策工具，是空间组织演变重要力量⑥。

1.3.2 经济高质量发展的内涵及影响因素

1.3.2.1 经济增长质量的内涵

经济增长一直是经济学中最受关注的焦点之一，传统的经济增长理论强调要素市场的分配，尝试分解要素来厘清经济增长的来源，从数量上分析经济的变化。最初在古典经济时期，经济发展处于由经济停滞向经济增长突破的阶段，因此研究主要集中于从产出角度分析经济增长。进入新的发展阶段后，新古典经济增长理论弥补了传统经济增长中对经济动力研究的缺失，在研究框架中纳入了资本积累、资源配置效率等因素，但仍然将经济增长数量作为衡量经济增长的主要指标，对经济增长质量的研究依然较少。关于经济增长的研究，最早可以追溯至亚当.斯密和大卫.李嘉图，亚当.斯密从劳动力的角度出发，指出增加劳动力的数目和提高劳动力的生产

---

① 虞孝感，段学军，刘新等. 人地关系转折时期对策—调整结构与一体化战略——解读"欧洲 2020 战略"与"长江三角洲地区规划"[J].经济地理,2010,30（09）:1409-1416.
② 宁越敏. 新城市化进程——90 年代中国城市化动力机制和特点探讨[J]. 地理学报,1998（05）:88-95.
③ 张庭伟. 城市的两重性和规划理论问题[J]. 城市规划, 2001（01）:49-52.
④ 戴学珍，蒙吉军. 京津空间一体化研究[J]. 经济地理, 2000（06）:56-60.
⑤ 石崧. 城市空间结构演变的动力机制分析[J]. 城市规划汇刊, 2004（01）:50-52+96.
⑥ 叶玉瑶. 城市群空间演化动力机制初探——以珠江三角洲城市群为例[J]. 城市规划, 2006（01）:61-66+87.

力可以增加一国的国民财富，李嘉图则从收入分配的角度对经济增长的源泉进行了探讨，认为经济增长来源于劳动量和资本积累的增加。此后，对于经济增长的探讨逐渐多样化，新古典经济学派认为在完全竞争市场中，经济增长的动力来源于储蓄和资本积累。内生经济增长理论则认为知识积累、人力资本投资和技术创新对于经济增长有不可替代的正向作用。Samuelson 认为经济增长表现为一国潜在 GDP 或国民产出的增加，人力资源、自然资源、资本和技术是驱动经济增长的"四个轮子"。在早期的经济学研究中，很多学者将经济增长质量视为经济发展质量，这显然是不正确的，许多国家在追求经济增长的过程中都产生了如经济结构失衡、环境恶化、资源短缺等问题，学者们也逐渐意识到经济发展质量并不等同于经济增长质量，对经济发展质量的研究也应运而生。现有研究普遍认同，当生产力发展到一定阶段时，即经济增长达到一定阶段后，数量型经济增长向质量型经济增长转变是一种必然①。

"质量"一词最初指的是量度物体平动惯性大小的物理量，意思是产品或工作的优劣程度，提高一组固有特性满足要求的程度。在社会学领域，质量指的是客观价值或主体感受的限量，如社会质量指的就是社会大众生活的适应性及水准。国外学者对经济增长质量的研究较早，1971 年，Kuznets 在其《各国经济增长》这一经济报告中提出经济增长应该包含居民获得平等的高质量教育机会、重视与改善环境质量、降低全球金融危机的危害、市场经济条件下公平公正的竞争环境②。前苏联经济学家卡马耶夫，他在 1977 年首次提出经济增长质量应该包含生产资料的增加和生产量的增长、产品质量的提高、生存资料效率的提高和消费品消费数量的增长③。Barro 认为经济增长质量不仅与社会、经济、政治等因素密切相关，还与受教育程度、健康水平、财富分配等因素相关④。Thomas 认为经济增长质量应体

① 任保平，钞小静. 从数量型增长向质量型增长转变的政治经济学分析[J]. 经济学家，2012，（11）：46-51.
② Kuznets S. Economic growth of nations: Total output and production structure[M]. Harvard University Press，1971.
③ 卡马耶夫. 经济增长的速度和质量[M]. 武汉：湖北人民出版社，1983.
④ Barro R J，Lee J W. Sources of economic growth[C]. Carnegie-Rochester conference series on public policy. North-Holland，1994，40：1-46.

现在环境持续发展、资本市场抵御全球风险的能力与社会分配等方面①。Boyle（2009）指出人与自然的和谐相处以及提升人民的生活水平才是经济高质量发展的核心体现②。Mlachila et al.，（2017）的研究表明经济质量的提升与传统经济增长不同，不仅需要关注经济增长率，居民福利水平也应该在关注范围内③。金培指出能够更好地满足人民群众多元化需求的经济发展模式、经济结构和动力状态是经济高质量发展的集中体现④。任保平指出在新发展阶段，必须实现由注重经济增长数量向经济增长质量的转变，将坚持创新驱动作为推动经济高质量发展的根本，通过科学决策实现我国经济结构的优化⑤。陈昌兵认为必须坚持供给侧结构性改革这一核心任务，从质量、效率和动力三个方面进行深度变革以实现经济增长动力的转换⑥。刘友金和周健从产业创新发展的视角出发，提出要发挥大国优势，通过实施主导的价值链分工战略实现经济增长的"提质增效"⑦。师博和张冰瑶提出，要想实现经济高质量增长必须提高城市在社会和生态层面的发展成果⑧。刘志彪认为"创新、协调、绿色、开放、共享"是经济高质量发展的集中体现，这是一种注重效率、兼顾公平、追求可持续性的经济发展模式⑨。张立群将经济高质量发展定义为解决供需结构性失衡、实现供需动态高效匹配的过程⑩。严成樑认为当前已有研究主要从经济效率的视角衡量经济增长质量，忽视了对公平的关注[11]。

---

① Thomas V et al.，The quality of growth[M]. World Bank Publications，2000.

② Boyle D，Harris M. The challenge of co-production[J]. London：new economics foundation，2009，56：18.

③ Mlachila M，Tapsoba R，Tapsoba S J A. A quality of growth index for developing countries：A proposal[J]. Social Indicators Research，2017，134：675-710.

④ 金碚. 关于"高质量发展"的经济学研究[J]. 中国工业经济，2018（04）：5-18.

⑤ 任保平. 新时代中国经济从高速增长转向高质量发展：理论阐释与实践取向[J]. 学术月刊，2018，50（03）：66-74+86.

⑥ 陈昌兵. 新时代我国经济高质量发展动力转换研究[J]. 上海经济研究，2018（05）：16-24+41.

⑦ 刘友金，周健. "换道超车"：新时代经济高质量发展路径创新[J]. 湖南科技大学学报（社会科学版），2018，21（01）：49-57.

⑧ 师博，张冰瑶. 全国地级以上城市经济高质量发展测度与分析[J]. 社会科学研究，2019（03）：19-27.

⑨ 刘志彪. 强化实体经济 推动高质量发展[J]. 产业经济评论，2018（02）：5-9.

⑩ 张立群. 中国经济发展和民生改善进入高质量时代[J]. 人民论坛，2017（35）：66-67.

11 严成樑. 现代经济增长理论的发展脉络与未来展望——兼从中国经济增长看现代经济

当前经济增长结构不合理、福利分配不均以及环境问题突出等问题都表明长期、可持续的经济增长更需要关注经济发展质量的高低。马建新和申世军认为经济增长质量是指一个经济体在经济效益、经济潜力、经济增长方式、社会效益、环境等诸多方面表现出的与经济数量扩展路径的一致性、协调性[①]。罗宣等认为，经济增长质量应该综合反映经济增长结构、稳定性、效率、福利及所达到的目标等方面的优劣程度，内涵包括经济结构、经济增长稳定性、福利和成果分配、科技进步和资源环境代价五个维度[②]。曲振涛认为因各个国家经济基础差别较大、国情不同，因此其经济质量的指标侧重点也不同，社会协调即致力于追求社会经济和文化及可持续发展之间的协调关系等指标应是发达国家要注重的因素之一，而发展中国家要注重经济效益指标。此外，他还认为同一国家在经济发展不同阶段也要有所侧重，在经济起步阶段要强调效益，在经济起飞后要更多地关注公平[③]。许永兵认为民生改善、发展可持续性及社会公平等内容直接与经济发展质量相关联，经济发展的全面协调可持续性是经济发展质量的题中之义。从其内涵出发主要包括经济增长稳定性、社会总需求、民生改善、经济结构、科技进步和资源环境六个方面，并提出从调整产业结构、扩大居民消费、支持企业技术创新、落实节能减排措施、完善社保体系等方面提高经济发展质量[④]。

尽管以上学者从不同侧重点和方向提出如何提升经济发展质量以及指出经济发展质量应包含哪些内容，但关于经济发展质量的内涵并没有进行明确全面的解释。

在关注经济发展质量的基础之上，党的十八届五中全会提出了创新、协调、绿色、开放、共享的新发展理念，开启了经济高质量发展的新篇章。

增长理论的缺陷[J]. 经济研究，2020，55（07）：191-208.

① 马建新，申世军. 中国经济增长质量问题的初步研究[J]. 财经问题研究，2007（03）：18-23.

② 罗宣，周梦娣，王翠翠. 长三角地区经济增长质量综合评价[J]. 财经问题研究，2018（04）：123-129.

③ 曲振涛，周正. 我国财政收入超经济增长的实证分析[J]. 财政研究，2004（08）：50-53.

④ 许永兵. 河北省经济发展质量评价——基于经济发展质量指标体系的分析[J]. 河北经贸大学学报，2013，34（01）：58-65.

我国"高质量发展"这一概念最初在党的第十九次全国代表大会报告《决胜全面建成小康社会，夺取新时代中国特色社会主义的伟大胜利》中首次被提及，表明从改革开放至今我国经济发展已经取得了阶段性的成就，当前及今后的经济工作重心在于提高经济发展活力、科技创新竞争力，不断提高要素资源配置效率，深入推进经济高质量发展。2017 年 12 月 18 日的中央经济工作会议上，习近平总书记进一步指出"高质量发展，就是能够很好满足人民日益增长的美好生活需要的发展，是体现新发展理念的发展，是创新成为第一动力、协调成为内生特点、绿色成为普遍形态、开放成为必由之路、共享成为根本目的的发展"。这种发展方式不仅意味着要追求生产的高效性和发展的均衡性，还意味着要追求绿色发展以及人的全面发展[①]，即以更好地满足人民群众的美好幸福生活为基石，实现经济、社会和自然同步的"共同进化"[②]。相较于"经济发展质量"和"经济增长质量"等概念，经济高质量发展包含了经济社会发展的各个领域。其不仅强调了经济发展的多目标性，还强调了发展的高层次性；不仅重视经济发展结果，更看重经济发展过程；不仅重视当前经济发展动力，更看重经济可持续发展的潜力。"五大发展理念"为我国推进经济高质量发展提供了行动纲领，确定了今后一段时期经济社会发展的方向和价值追求[③]。

此后，从不同的视角出发，不同学者都对"经济高质量发展"的内涵进行了解读和探讨，按照核心思想的差异，可以将现有文献大致分为两类，第一类将"经济高质量发展"类比于"经济增长"，认为"经济高质量发展"是指通过提升经济的活力与创新力以提高效率，在经济增长的基础上突出质的变化，经济高质量发展强调经济发展成效与成果高质量的发展，是在保证一定经济发展速度的前提下，经济发展成果在"量"的基础上实现"质"的优化和飞跃[④][⑤]。

① 黄群慧. 浅论建设现代化经济体系[J]. 经济与管理，2018，32（01）：1-5.
② 王伟光. 当代中国马克思主义的最新理论成果——习近平新时代中国特色社会主义思想学习体会[J]. 中国社会科学，2017（12）：4-30+205.
③ 程恩富. 论新常态下的五大发展理念[J]. 南京财经大学学报，2016（01）：1-7+108.
④ 秦放鸣，唐娟. 经济高质量发展：理论阐释及实现路径[J]. 西北大学学报（哲学社会科学版），2020，50（03）：138-143.
⑤ 唐晓彬，王亚男，唐孝文. 中国省域经济高质量发展评价研究[J]. 科研管理，2020，41（11）：44-55.

1.3.2.2 经济增长质量影响因素

现有文献对经济增长质量的影响因素也进行了较为全面的探讨，学者们分别从投资、政府行为、制度变迁、创新、产业集聚、资源禀赋以及经济结构等角度进行了分析。

从投资与出口来看，郝颖、辛清泉研究了地区差异与企业投资与经济增长质量的影响，研究表明企业固定资产与权证投资以及技术投资可以对经济增长质量产生影响，并且与经济规模、企业性质、区域发展水平相关[①]。齐良书采用时间序列分析方法，研究了我国 1980—2004 年总产出、出口总额和外国直接投资流入之间的关系。实证结果显示，测算期内我国经济增长在一定程度上会受到对外开放政策的影响，研究结果表明，出口和 FDI 不仅能够带动相关产业发展，表现出外溢效应，而且从长期来看，也会在很大程度上对经济增长发挥着正向作用[②]。姚树洁等从新兴工业化国家的视角提出并验证了有关外商直接投资经济增长的作用。并通过实证分析，认为我国外商直接投资占总投资的比率和它与时间趋势的乘积对生产有显著的正影响[③]。沈坤荣、傅元海通过内资企业中间投入产出率，测度内资经济增长质量，系统地探讨了 FDI 的不同溢出效应对内资经济增长质量的影响及其制约因素[④]。戴翔实证检验服务出口复杂度与经济增长质量的关系，结果表明服务出口复杂度对经济增长的"质"均表现出显著积极影响[⑤]。

从政府行为与制度变迁来看，在我国传统的计划经济体制下，推动经济增长的行为主体是政府[⑥]。而刘文革等通过阐述政府干预对经济增长的影响，认为经济增长一定程度上会受到政府干预的影响[⑦]。魏婕、任保平等分

---

① 郝颖，辛清泉，刘星. 地区差异、企业投资与经济增长质量[J]. 经济研究，2014，49（03）：101-114+189.

② 齐良书. 出口、外国直接投资流入与中国经济增长关系的实证研究[J]. 财经问题研究，2006（01）：9-13.

③ 姚树洁，冯根福，韦开蕾. 外商直接投资和经济增长的关系研究[J]. 经济研究，2006（12）：35-46.

④ 沈坤荣，傅元海. 外资技术转移与内资经济增长质量——基于中国区域面板数据的检验[J]. 中国工业经济，2010（11）：5-15..

⑤ 戴翔. 服务出口复杂度与经济增长质量：一项跨国经验研究[J]. 审计与经济研究，2015，30（04）：103-112.

⑥ 沈坤荣. 中国经济转型期的政府行为与经济增长[J]. 管理世界，1998（02）：22-30+219.

⑦ 刘文革，周文召，仲深等. 金融发展中的政府干预、资本化进程与经济增长质量[J]. 经

析了地方政府行为对经济增长质量的影响，研究结果表明处于任期限制的考虑，中国官员会利用财政倾斜支出偏向来提高经济增长数量，但是对经济增长质量缺乏兴趣[①]。姜琪构建了嵌入政府质量和文化资本因素的经济增长模型，从数量和质量双重视角对比检验政府质量、文化资本对地区经济发展的影响，研究发现政府效率能提高经济增长数量，却抑制了经济增长质量的提升[②]。詹新宇、崔培培实证检验中央对地方转移支付的经济增长质量效应，研究结果表明经济增长质量的变动存在持续性，转移支付的经济增长质量效应显著为负[③]。李强、魏巍分析了制度变迁对中国经济增长质量的非线性效应，实证结果显示，制度变迁对于经济发展程度不同的地区是有不同影响的。对于欠发达地区而言，制度变迁不利于经济增长质量的提高，而对于中等发达地区，制度变迁能够正向影响经济增长，带动经济发展[④]。王军等则基于超越对数生产函数构建了新的分析经济增长的框架，在这个框架里，融入了"五大发展理念"，并将其作为自变量，对我国1990—2015 年的经济增长质量进行了实证分析，结果显示除了开放发展外的发展理念变量对经济增长质量的弹性系数逐年提高，但存在着显著的差异，按其均值由大到小依次为：创新、协调、绿色、共享、开放[⑤]。

从技术创新来看，在有关技术创新与经济增长之间的关系研究中，Schumpeter 于 1912 年在其《经济发展理论》中首次提出了技术创新理论，通过将技术创新作为一种投入要素纳入生产函数的运算，认为技术创新是经济增长的主要推动力[⑥]。Arrow 也从技术创新的内生性角度出发，建立了

济学家，2014（03）：64-73.

① 魏婕，许璐，任保平. 财政偏向激励、地方政府行为和经济增长质量[J]. 经济科学，2016（03）：5-18.

② 姜琪. 政府质量、文化资本与地区经济发展——基于数量和质量双重视角的考察[J]. 经济评论，2016（02）：58-73.

③ 詹新宇，崔培培. 中央对地方转移支付的经济增长质量效应研究——基于省际面板数据的系统 GMM 估计[J]. 经济学家，2016（12）：12-19.

④ 李强，魏巍. 制度变迁对中国经济增长质量的非线性效应分析[J]. 经济与管理研究，2015，36（12）：3-10.

⑤ 王军，詹韵秋. "五大发展理念"视域下中国经济增长质量的弹性分析[J]. 软科学，2018，32（06）：26-29.

⑥ Schumpeter J A. The theory of economic development[M]. Cambridge，MA：Harvard University Press，1912.

技术进步与经济增长效果相联系的模型，认为技术创新是促进经济增长的内在因素[1]。刘亚建认为科技竞争力是影响我国经济增长质量的生产力因素，对于促进经济增长具有重要作用，而促进科技竞争力增长的基础在教育，目前我国的教育投入太低，导致影响了经济质量的提高[2]。史自力研究了河南省经济增长质量与多层次创新能力之间的相互关系，研究发现在短期，创新制度能力对提升河南省经济增长质量效果显著，而在长期，提高创新资金投入强度和创新人力资本对提升河南省经济增长质量效果显著[3]。黄志基、贺灿飞探讨了创新投入对中国城市经济增长质量的影响，结果表明，我国城市 TFP 与城市经济发展水平基本吻合[4]。白俊红、王林东研究了创新驱动对经济增长质量提升的作用并发现，创新驱动能够显著促进全国和东部地区经济增长质量的提升，但对中部地区经济增长质量的影响不显著，对西部地区经济增长质量则有显著的负向影响[5]。张杰、高德步从人均真实GDP 增长率以及经济增长质量所蕴含的速度和质量两个视角来实证研究三种类型专利授权量对中国经济增长可能产生的作用效应[6]。

从资源禀赋来看，资源禀赋中主要包含了劳动力资源、自然资源等要素，劳动力资源主要为经济增长提供人力资本，自然资源主要为经济增长提供生产的物质要素，很大程度上决定了经济活动的种类和效率。Fisher-Vanden（2004）分析了我国 2582 个大中型能源密集型企业的碳排放与经济发展之间的关系，通过 Divisia 方法分析了能源价格、R&D 投入、所有制形式和产业结构变化对能源消费的影响，认为能源消费和强度变化的50%由企业能源效率提高带来的[7]。刘海英、赵英才等研究了人力资本均化

[1] Arrow K J. Economic welfare and the allocation of resources for invention[M]. Macmillan Education UK，1972.

[2] 刘亚建. 我国经济增长效率分析[J]. 思想战线，2002（04）：30-33.

[3] 史自力. 区域创新能力与经济增长质量关系的实证研究[J]. 重庆大学学报（社会科学版），2013，19（06）：1-8.

[4] 黄志基，贺灿飞. 制造业创新投入与中国城市经济增长质量研究[J]. 中国软科学，2013（03）：89-100.

[5] 白俊红，王林东. 创新驱动是否促进了经济增长质量的提升?[J]. 科学学研究，2016，34（11）：1725-1735.

[6] 张杰，高德步，夏胤磊. 专利能否促进中国经济增长——基于中国专利资助政策视角的一个解释[J]. 中国工业经济，2016（01）：83-98.

[7] Fisher-Vanden K，Jefferson G H，Liu H，et al. What is driving China's decline in energy

对中国经济增长质量的影响，借助基尼系数反映收入差距的经典理论，对人力资本均化指标进行量化，得出了人力资本均化对经济增长具有促进机制这一结果[①]。何强（2014）将经济增长质量界定为在一定生产要素禀赋以及资源环境、经济结构、收入结构约束下的经济增长效率，对中国及各省域经济增长质量影响因素和经济增长质量走势进行了实证测评研究[②]。李强、高楠（2017）构建了包括经济结构、科技与创新、民生、资源与环境、对外开放 5 个方面的综合指标体系，测度经济增长质量水平并实证研究资源禀赋和制度质量对我国经济增长质量的影响，结果表明资源禀赋对于经济增长质量具有"双刃剑"效用，且制度质量是影响其双面效用的关键因素[③]。杨斐等（2011）基于 EKC 模型，利用我国 1978—2008 年能源结构和经济增长的面板数据，实证模拟了碳排放与经济增长之间的关系。实证结果表明，我国经济增长与碳排放之间存在着"~型"的曲线特征[④]。而钞小静等（2012）则解释了经济增长质量的内在性质和规律，认为经济增长应该是经济结构、经济稳定、福利变化等维度的统一，其同时也指出了经济增长与生态环境之间的关系。只有经济增长在生态环境承载能力之内，才能够推动经济增长，提高经济质量[⑤]。

从产业集聚的角度来看，Kuznets 从经济结构的角度衡量了一个国家的国民收入水平，他通过搜集 1948—1966 年美国的数据，通过实证分析得出，美国在这一阶段生产率的提高有 10%是由于结构变化所引起的[⑥]。马轶群和史安娜认为金融发展对于经济增长的稳定性和长期发展性都存在着相关关系，但是这种关系并不一定是长期稳定的。短期来看，金融发展能够带动

intensity?[J]. Resource and Energy economics，2004，26（1）：77-97.

[①] 刘海英，赵英才，张纯洪. 人力资本"均化"与中国经济增长质量关系研究[J]. 管理世界，2004（11）：15-21.

[②] 何强. 要素禀赋、内在约束与中国经济增长质量[J]. 统计研究，2014，31（01）：70-77.

[③] 李强，高楠. 资源禀赋、制度质量与经济增长质量[J]. 广东财经大学学报，2017，32（01）：4-12+23.

[④] 杨斐，任保平. 中国经济增长质量：碳排放视角的评价[J]. 软科学，2011，25（11）：89-93.

[⑤] 钞小静，任保平. 资源环境约束下的中国经济增长质量研究[J]. 中国人口·资源与环境，2012，22（04）：102-107.

[⑥] Kuznets S. Economic growth of nations：Total output and production structure[M]. Harvard University Press，1971.

经济增长，然而长期来看，金融发展并不一定带动经济增长[①]。李娟伟和任保平通过探讨国际收支平衡与经济增长的关系，认为经济增长的波动性会加剧通过或张，而资本项目收支平衡则是形成通货膨胀的重要因素[②]。刘燕妮等探究经济结构对经济增长质量的影响发现，产业结构、投资消费结构、金融结构的失衡程度对经济增长质量产生负效应，区域经济结构与国际收支结构对于经济增长质量产生正效应[③]。杨俊、李之民在探究金融结构与经济增长质量过程中发现，直接融资在改善经济增长结构和经济增长可持续性方面的作用优于间接融资，但间接融资在提升经济增长福利方面的作用更好，与此同时，直接融资和间接融资的发展都在一定程度加剧了经济波动[④]。

从城镇化的角度来看，城镇化是社会经济发展的必然趋势，是人类社会不断进步的重要动力。城镇化的过程是农村人口转移到城市的过程，是生产方式和生活方式不断升级的过程。世界范围来看，发达国家城镇化速度起步早，发展迅速，并且在部分地区已经达到 80%甚至更高的水平。而我国城镇化速度发展缓慢，2018 年，我国城镇化率也只达到了 59.58%。城镇化距离发达国家仍有较长的一段距离，就目前我国城镇化的发展速度和发展阶段而言，城镇化与资源环境之间的协调关系逐渐成为关注的焦点，而要处理好二者之间的关系，必然要涉及经济增长方式的转变，我国以往经济增长的动力属于粗放型，对资源环境的破坏性较大，忽略了与自然环境的和谐发展。但是，为了更好更健康发展社会经济，就必然要转变现有经济发展方式，促进经济持续增长。有关城镇化与经济增长之间的关系最早的论述应该可以追溯到新古典经济学和发展经济学[⑤]。新古典经济的理论认为，经济增长在很大程度上取决于科技创新和知识资本等要素，这也是

① 马轶群，史安娜. 金融发展对中国经济增长质量的影响研究——基于 VAR 模型的实证分析[J]. 国际金融研究，2012（11）：30-39.

② 李娟伟，任保平. 国际收支失衡、经济波动与中国经济增长质量[J]. 当代财经，2013（01）：23-31.

③ 刘燕妮，安立仁，金田林. 经济结构失衡背景下的中国经济增长质量[J]. 数量经济技术经济研究，2014，31（02）：20-35.

④ 杨俊，李之民，周曦冉. 金融结构与经济增长质量——基于 2001—2012 年中国省际面板数据的实证分析[J]. 技术经济，2015，34（04）：73-80.

⑤ 钱陈. 城市化与经济增长的主要理论和模型述评[J]. 浙江社会科学，2005（02）：190-197.

内生经济增长理论的核心观点，其通过构建经济增长模型，将相关因素考虑在内，探讨了经济增长的内在规律[①]。而发展经济学则是从城市迁移理论的角度，该理论认为城市的发展主要是由"推力"和"拉力"两种力量共同完成的。这里的"推力"主要是由于农村人口的增长所带来的劳动力短缺，而"拉力"则是城市发展对于劳动力的需求，二者共同推动了城市的发展。有关城镇化与经济发展最经典的文献来自于 Davis，提出了城镇化发展的"S 型"曲线规律，该规律认为城镇化的发展与经济增长之间是存在着阶段性的变化关系，城镇化的早期和中期阶段，主要由经济的结构和技术进步决定，而后期则主要是依靠政策支撑[②]。王国刚也指出城镇化对于推动经济发展具有重要作用，能够带动更多产业发展，对于改善我国产业结构，推动协调发展有带动效应，这也有利于推进城乡居民消费结构升级，有利于促进城乡居民就业[③]。朱孔来等以我国 1978—2009 年城镇化率和人均 GDP 年度事件序列数据为基础，建立了反映城镇化水平和经济增长动态关系的向量自回归（VAR）模型，实证结果显示，我国城镇化率每提高一个百分点，可以维持 7.1% 的经济增长[④]。

1.3.3 高质量发展的评价方法

对经济高质量发展进行评价是经济高质量发展中的重要环节，合理的评价能有助于发现经济发展过程中存在的问题，以对后续发展提出更好的建议。目前对于高质量发展的评价也具有较为丰富的研究，但由于不同的研究关注的重点不同，对于经济高质量发展的内涵也具有不同的理解，因此采用的评价指标也各不相同。有关经济增长质量评价的文献最早可以追溯到。随后，对经济增长质量进行评价的文献也日益丰富。

现有文献中对经济增长质量进行评价的文献大致可以分为两类，一类

[①] 蔺雪芹，王岱，任旺兵等. 中国城镇化对经济发展的作用机制[J]. 地理研究，2013，32（04）：691-700.

[②] Davis J C，Henderson J V. Evidence on the political economy of the urbanization process[J]. Journal of urban economics，2003，53（1）：98-125.

[③] 王国刚. 城镇化：中国经济发展方式转变的重心所在[J]. 经济研究，2010，45（12）：70-81+148.

[④] 朱孔来，李静静，乐菲菲. 中国城镇化进程与经济增长关系的实证研究[J]. 统计研究，2011，28（09）：80-87.

是利用具体指标对经济增长质量进行测度，如全要素生产率、经济增长质量指数及增加值率[1][2][3]，另一类是对经济增长质量这一概念进行界定后，构建综合评价经济增长质量的指标体系，得出经济增长质量综合指数，使用较多的方法包括：因子分析法、主成分分析法、相对指数法、层次分析法、熵值法等。

1.3.3.1 因子分析和主成分分析法

因子分析法是用少数几个因子来描述许多指标或因素之间的联系，通过少数几个因子来刻画原始资料大部分信息的数学统计分析方法。因子分析法利用降维处理的思想，在一组观测指标中选取少数因子去描述变量的关系。主成分分析法属于因子分析法中的一种，是因子分析法中使用最广泛的。主成分分析法使用坐标变换手段，通过将原有的多个相关变量做线性变换，转换为另外一组无关变量。主成分分析法选择指标的原则为选取方差最大的几个主成分，这样不仅可以实现因子分析法只需要少数变量的目的，而且还能保证较少变量不会遗漏原有变量的绝大部分信息。在现有研究中，有大量学者将这两种方法运用于评价分析。张为杰、张景从经济增长的结构、经济增长的稳定性、经济增长的福利分配与经济增长的资源环境代价等四个维度，利用主成分分析法构建经济增长质量评价指标[4]。宋斌从包容性增长的视角出发，建立了一个包含经济成果创造和经济成果分享两个维度，20个基础指标的指标体系，运用主成分分析的方法，对中国2001—2011年间及31个省域地区在2004—2011年间的经济增长质量进行测度和评价[5]。随洪光、刘延华从增长效率（要素生产率、生产组织效率、市场效率）、稳定性（要素供给稳定性、产出稳定性、结构稳定性）、可持

---

[1] 赵可，徐唐奇，张安录. 城市用地扩张、规模经济与经济增长质量[J]. 自然资源学报，2016，31（03）：390-401.

[2] 白俊红，王林东. 创新驱动是否促进了经济增长质量的提升?[J]. 科学学研究，2016，34（11）：1725-1735.

[3] 范金，姜卫民，刘瑞翔. 增加值率能否反映经济增长质量?[J]. 数量经济技术经济研究，2017，34（02）：21-37.

[4] 张为杰，张景. 地区产业转型对经济增长质量的贡献度研究——来自京津冀地区的经验[J]. 经济体制改革，2012（02）：44-48.

[5] 宋斌. 中国经济增长质量的测度与区域比较研究——基于包容性增长视角的分析[J]. 宏观质量研究，2013，1（03）：63-71.

续性（远期增长动力、制度优化、资源限制、生态环境代价）三方面构建经济增长质量综合评价指标[①]。钞小静、任保平运用主成分分析法，从经济增长条件、过程和结果三个层次构建地区经济增长质量的评价指数[②]。张军超、杨文宇根据经济增长质量的内涵，从经济增长结构优化、经济运行稳健有效、民生改善成果共享、资源节约环境友好、创新驱动素质提升等五个维度共选取33个代表性指标，利用主成分分析法进行经济增长质量指数合成[③]。

1.3.3.2 相对指数法和层次分析法

相对指数法是指采用平均数指数的形式，把不同的经济增长质量指标的变动程度视为个体指数，并给予一定的权重，通过加权平均得出综合经济增长质量指数。从而刻画经济增长质量的综合变动情况。申世军、邬凯生认为经济增长质量是指个经济体在经济效益、经济潜力、经济增长方式、社会效益、环境等诸多品质方面表现出的与经济数量扩张路径的一致性和协调性，并从经济运行质量、经济运行结构、经济运行效益、经济增长的潜力、经济竞争能力、人民生活状况和社会保障七个方面构建经济增长质量的指标体系，设定25个指标，运用相对指数法对经济增长质量进行综合评价[④]。在以往对于自然和社会现象的研究中，主要使用的方法分别为机理分析法和统计分析法两种方法，机理分析法用经典数学工具对现象进行分析，统计分析法则以随机数学为工具，在大量的观测数据中探索统计规律。层次分析方法将定性分析与定量分析相结合，层次分析法把一个复杂的多目标决策问题作为一个系统，将总目标分解为多个目标，进而形成包含多目标的若干层次，通过定性指标模糊量化方法算出层次单排序（权重）和总排序。王君磊等从经济增长方式、经济增长过程、经济增长结果和经

---

① 随洪光，刘廷华. FDI 是否提升了发展中东道国的经济增长质量——来自亚太、非洲和拉美地区的经验证据[J]. 数量经济技术经济研究，2014，31（11）：3-20.

② 钞小静，任保平. 城乡收入差距与中国经济增长质量[J]. 财贸研究，2014，25（05）：1-9.

③ 张军超，杨文宇. 北上广深经济增长质量测度和分析[J]. 工业技术经济，2016，35（03）：143-151.

④ 申世军，邬凯生. 广东省 山东省经济增长质量研究[J]. 工业技术经济，2007（03）：64-68.

济增长潜力四个维度,利用层次分析法构建了经济增长质量的评价模型[①]。

1.3.3.3 熵值法

综合评价一个问题最为重要的环节之一是对各指标进行赋权,现有研究中赋权的方法大致可以分为三类,一类是主观赋权法,包括专家打分法、层次分析法和头脑风暴法等,主观赋权法重点关注某领域专家的经验,在实际中应用较为方便,因此广泛运用,但缺点是容易使评价结果因人的主观因素而形成偏差。第二类为客观赋权法,包括主成分分析法、离差及均方差法、熵值法等,客观赋权法从数据本身出发,重点关注数据本身所包含的信息,能更加客观、公正地进行评价。第三类为主客观结合赋权方法。熵值法是通过判断指标的离散程度以综合评价指标排序的一种方法,部分学者利用该方法对经济增长质量进行了测度。如朱宾欣通过熵值法赋权,认为经济增长结构、资源环境和人民生活对于经济发展质量指数影响较大[②]。马轶群、史安娜从经济增长方式质量、经济增长过程质量和经济增长结果质量三个方面,运用改进的熵值法构建经济增长质量指标体系[③]。刘小瑜、汪淑梅从有效性、协调性、稳定性、可持续性和福利性五个方面出发构建指标体系,采用熵值法计算各指标权重,运用集对分析法评价我国 1990—2012 年的经济增长质量,并将经济增长质量与增长数量进行对比分析[④]。耿焕侠、张小林构建了一个涵盖经济增长的稳定性、经济增长的效益度、经济结构的优化度、经济增长的可持续性、居民经济状况五大层面共涉及 21 项指标的经济增长质量测评体系,较全面地涵盖了经济增长质量的经济效益、增长潜能、稳定性、环境质量成本、竞争能力、人民生活水平等多个内涵,运用熵值法综合评价经济增长质量[⑤]。肖攀、李连友从经济增长的结

① 王君磊,王兆凯,杨晓明. 基于层次分析法的经济增长质量评价模型[J]. 统计与决策,2007(12):49-51.

② 朱宾欣. 江苏经济发展质量评价指标体系的构建及有效性检验[J]. 中国集体经济,2016(04):70-72.

③ 马轶群,史安娜. 金融发展对中国经济增长质量的影响研究——基于 VAR 模型的实证分析[J]. 国际金融研究,2012(11):30-39.

④ 刘小瑜,汪淑梅. 基于集对分析法的我国经济增长质量综合评价[J]. 江西社会科学,2014,34(12):48-53.

⑤ 耿焕侠,张小林. 基于熵值法的江苏省经济增长质量定量分析[J]. 地理与地理信息科学,2014,30(01):81-85+127.

构、稳定性、福利变化与成果分配、资源环境代价等 4 个维度构建中国经济增长质量综合评价指标体系，采用熵权综合指数法测度了 2000—2012 年我国 30 个省域的经济增长质量指数[①]。

1.3.4 长江经济带高质量发展研究

长江经济带作为我国综合实力最强、战略支撑作用最大的区域，在对我们经济增长方面具有重要作用。长江经济带已经具备雄厚的工业特别是重工业和高端制造业的科学技术研究与制造基础，已经基本建立起较为完整的工业体系和一批综合性的工业基地[②]。

伴随着长江经济带在我国经济发展中的重要性不断凸显，对长江经济带发展的研究也不断涌现。李雪松等（2017）采用超效率 DEA 模型及 Malmquist 指数分解方法，对长江经济带 2000—2014 年经济增长的总体效率及全要素生产率进行了分解，研究表明区域一体化能通过促进要素流动、结构升级以及加强区域合作进而实现增长效率的提升，区域一体化对长江经济带全要素生产率中的技术进步影响显著，而对全要素生产率及技术效率的作用不明显[③]。范金等设计了包含了强盛性、有效性、稳定性、协调性、持续性和包容性等六个特征的经济发展质量评价指标体系，采用主成分分析方法对长江经济带 1985—2015 年的经济发展质量演化趋势进行了预算，认为有效性和包容性是长江经济带经济发展质量水平差异的最重要因素[④]。李强等则通过测算长江经济带经济增长质量与生态环境优化耦合协调度，认为长江经济带经济增长质量与生态环境优化耦合协调值不断提升，处于弱耦合协调等级城市数量不断减少，处于中级以上等级的城市范围不断扩大[⑤]。杨仁发、李娜娜认为产业集聚对经济增长动力、增长结构、增长稳

① 肖攀，李连友，苏静. 中国省域经济增长质量测度及其收敛性分析[J]. 财经理论与实践，2016，37（04）：111-117.

② 陆大道. 长江大保护与长江经济带的可持续发展——关于落实习总书记重要指示，实现长江经济带可持续发展的认识与建议[J]. 地理学报，2018，73（10）：1829-1836.

③ 李雪松，张雨迪，孙博文. 区域一体化促进了经济增长效率吗？——基于长江经济带的实证分析[J]. 中国人口·资源与环境，2017，27（01）：10-19.

④ 范金，张强，落成. 长三角城市群经济发展质量的演化趋势与对策建议[J]. 工业技术经济，2018，37（12）：70-77.

⑤ 李强，韦薇. 长江经济带经济增长质量与生态环境优化耦合协调度研究[J]. 软科学，2019，33（05）：117-122.

性等有重要影响，并通过实证分析 2003—2016 年长江经济带产业基金对经济高质量发展的关系，认为制造业集聚能够显著促进长江经济带高质量发展，服务业集聚对长江经济带高质量发展起到抑制作用①。

长江经济带是中国经济、科技、文化发达的地区之一，但其面临着一系列可持续发展问题。刘兆德和虞孝感认为制约长江流域可持续发展的主要问题包括资源安全问题、人口压力、经济效益降低、生态环境恶化等②，而方创琳、周成虎和王振波认为长江沿江的六大城市群在发育过程中存在着城市群空间范围界定脱离发育标准、带有强烈的政府主导性等问题③。从可持续发展评价的角度来看，段学军和虞孝感对长江流域七省一市的可持续发展状况分别进行评价，结果表明长江流域的可持续发展水平呈现持续不断上升的发展趋势④。梁伟和朱孔来从生态环境质量的角度来研究长江流域的可持续发展，结果表明：长江流域整体的生态环境指数略高于全国均值，下游的江苏和上海得分偏低，重庆、湖北、湖南和安徽位于全国中游水平⑤。孙亚南从经济、生活、资源、科技等全局视角将"可持续"与"发展"相结合，构建长江经济带核心城市可持续发展能力评价体系，从整体发展的可持续性来看，长三角城市群发展可持续力最强，东部城市可持续发展水平高于中西部城市，同一省份内省会城市可持续发展水平要高于非省会城市，中心城市可持续发展水平要高于边缘城市⑥。随着长江经济带人口的急剧增长及城市化进程的加快，长江经济带城市群的发展正面临着资源、人口、经济、生态环境等问题，城市综合承载力对城市可持续发展的制约问题日益严重。刘惠敏从资源的供给与需求角度，对 2000 和 2008 年

① 杨仁发，李娜娜. 环境规制与中国工业绿色发展：理论分析与经验证据[J]. 中国地质大学学报（社会科学版），2019，19（05）：79-91.

② 刘兆德，虞孝感. 长江流域新世纪可持续发展的重大问题[J]. 经济地理，2006（02）：304-307+312.

③ 方创琳，周成虎，王振波. 长江经济带城市群可持续发展战略问题与分级梯度发展重点[J]. 地理科学进展，2015，34（11）：1398-1408.

④ 段学军，虞孝感. 长江流域可持续发展综合分析与评价[J]. 中国人口·资源与环境，2002（02）：77-82.

⑤ 梁伟，朱孔来. 生态环境可持续发展能力研究——以长江流域为例[J]. 经济问题探索，2011（08）：159-165.

⑥ 孙亚南. 长江经济带核心城市可持续发展能力评价[J]. 南京社会科学，2016（08）：151-156.

长三角城市群16个城市的土地、水、交通和环境等单要素承载力进行了评价[①]，曾鹏和向丽分析了中国十大城市群综合承载力，并对各个城市群综合承载力进行了比较研究[②]。姜豪和陈灿平（2016）对成都2008—2014年的城市综合承载力进行动态分析[③]，而王维等（2017）从单一的生态承载力的角度研究了长江经济带城市生态承载力[④]。同时，针对长江经济带发展战略的研究当中，李春艳和文传浩认为在区域协作方面，各省份应进行科学产业定位，以共同利益为纽带建立经济合作机制，在发展路径方面，应从城乡一体、创新驱动、现代物流、流域开发等方面共同推进长江经济带建设；在探索创新方面，各省份应结合实际情况，制定有针对性的发展政策，实现差异化路径探索中的区域整体推进；在发展驱动方面，国家层面应给予积极的政策支持，为长江经济带建设提供可靠的制度保障[⑤]。李旭辉等（2018）从"五位一体"的总布局视角评价研究了长江经济带城市经济社会发展，结果表明：横跨中国东、中、西部的长江经济带城市的经济社会发展水平呈现极不均衡的状态[⑥]。

而有关长江经济带区域发展的文献主要集中在三个方面：一是生态环境方面，Shu and Xiong基于中国长江三角洲城市群，研究了产业结构优化过程中工业碳排放的相关问题，认为减少区域工业碳排放和优化区域工业碳排放的空间格局具有重要作用[⑦]。Xu et al.，采用三种生态模型和五个关键指标建立一个连贯的长江经济带生态红线框架和标准，研究结果表明：

[①] 刘惠敏. 长江三角洲城市群综合承载力的时空分异研究[J]. 中国软科学，2011（10）：114-122.

[②] 曾鹏，向丽. 中国十大城市群高等教育投入和产业集聚水平对区域经济增长的共轭驱动研究[J]. 云南师范大学学报（哲学社会科学版），2015，47（04）：138-145.

[③] 姜豪，陈灿平. 城市综合承载力研究——以成都为例[J]. 软科学，2016，30（12）：59-62.

[④] 王维，张涛，王晓伟等. 长江经济带城市生态承载力时空格局研究[J]. 长江流域资源与环境，2017，26（12）：1963-1971.

[⑤] 李春艳，文传浩. 长江经济带合作共赢的理论与实践探索——"长江经济带高峰论坛"学术研讨会观点综述[J]. 中国工业经济，2015（02）：44-49.

[⑥] 李旭辉，朱启贵，胡加媛. 基于"五位一体"总布局的长江经济带城市经济社会发展动态评价研究[J]. 统计与信息论坛，2018，33（07）：74-83.

[⑦] Shu H，Xiong P P. Reallocation planning of urban industrial land for structure optimization and emission reduction: A practical analysis of urban agglomeration in China's Yangtze River Delta. Land use policy. 2019（81）：604-623.

当区域政府作为独立的第三方评估员并强制执行跨省生态补偿战略时，实施生态红线政策是有效的[①]。二是要素市场方面，Ye et al.,从长江经济带金融要素集聚方面进行了研究，认为金融集聚促进了其城市化发展[②]。长三角作为长江经济带最大的城市群，经历了快速的城市化过程，土地作为稀缺要素，城市土地效率成为可持续发展的重要问题，Liu et al.,基于1995—2015年数据探讨中国长江经济带城市用地扩张与人类活动范围的关系，认为城市土地与城市群规模的人类活动范围之间存在耦合关系，但城市土地无序扩张和空间分布，规模结构发展不平衡的问题仍然存在[③]。三是交通基础设施方面，一些学者研究了长江经济带交通基础设施在城市群综合承载力中的作用，认为铁路与水路运输的快速发展增强了长三角城市群之间的通达性，对周边区域产生辐射作用[④]。

通过归纳总结国内外有关经济增长质量的文献可以看出，目前学术界对于经济增长质量以及长江经济带经济增长的研究已经较为广泛，且角度众多。现有文献从经济增长质量的内涵、经济增长质量的评价、经济增长质量的影响因素等角度出发，分不同侧重点对经济增长质量问题作出了较为细致的分析，且对长江经济带的经济现状、存在问题及经济增长未来方向做出了阐述，但仍有值得深入探讨的角度和思路，也就成为本文研究的出发点和创新之处。

首先，本文认为区域经济增长质量的评价应该具有多维度、多层次，不能够通过简单的某一或某几个指标进行刻画，应该涉及与经济相关的多个领域。而且经济增长也应该伴随着社会生产力的发展而不断发生变化，

① Xu X，Hu H，Tan Y，et al. Quantifying the impacts of climate variability and human interventions on crop production and food security in the Yangtze River Basin，China，1990–2015[J]. Science of the Total Environment，2019，665：379-389.

② Ye C，Sun C，Chen L. New evidence for the impact of financial agglomeration on urbanization from a spatial econometrics analysis[J]. Journal of Cleaner Production，2018，200：65-73.

③ Liu Y，Zhang X，Kong X，et al. Identifying the relationship between urban land expansion and human activities in the Yangtze River Economic Belt，China[J]. Applied Geography，2018，94：163-177.

④ Wang L. High-speed rail services development and regional accessibility restructuring in megaregions：A case of the Yangtze River Delta，China[J]. Transport Policy，2018，72：34-44.

其内涵应该根据时代发展的需要逐步深化。现有研究大多从以往的角度阐述经济增长的质量问题，但是伴随着社会经济的发展，社会生产力水平不断提高，而我国经济也在 2013 年后进入了"新常态"，面对"新常态"，如何从更新的视角阐述影响我国经济增长质量的因素，如何客观评判我国经济增长质量成为现实问题。

第 2 章　相关概念和相关理论

2.1　长江经济带城市群

2.1.1 经济带

经济带是一个经济地理学的概念，指的是沿着一定的交通运输干线，以其为发展轴，形成点状密集、面状辐射、线状延伸的生产、贸易、流通一体化的带状经济区域。经济带的发展需要依托一定的自然条件、资源禀赋、市场需求、政策支持等因素，以及与其他经济区域的协调配合。经济带的形成和发展有利于促进区域内部的经济联系和协同效应，提高区域的综合竞争力和发展水平。

目前，世界上有许多著名的经济带，如欧洲的"蓝色香蕉"地带、美国的波士顿-华盛顿走廊、日本的太平洋带等。在中国，也有一些具有重要影响力的经济带，如长江经济带、京津冀经济带、珠江三角洲经济带等。其中，长江经济带是中国最大的经济带，覆盖沿江 11 个省市，横跨东中西三大板块，人口规模和经济总量占据全国"半壁江山"，是中国经济重心所在、活力所在，也是连接丝绸之路经济带和 21 世纪海上丝绸之路的重要纽带[①]。推动长江经济带发展是中国国家战略，旨在坚持生态优先、绿色发展，共抓大保护、不搞大开发，实现高质量发展和高水平安全的良性互动，为构建新发展格局、实现社会主义现代化国家建设作出贡献。

2.1.2 城市

城市是一种人类聚居的形式，具有一定的人口规模、密度和经济活动。不同的国家和地区对城市的定义和标准有所不同，但一般都涉及到行政建制、产业结构、社会组织和文化特征等方面。城市是人类文明的重要载体，

[①] 袁华锡，封亦代，罗翔勇，刘耀彬. 制造业集聚如何影响区域绿色发展福利？[J]. 中国人口资源与环境，2022，（05）：68-83.

也是社会变革的主要场所。城市的形成和发展受到自然环境、历史文化、科技进步、政治制度等多种因素的影响，呈现出多样化和动态化的特点。城市的功能和作用也随着时代的变化而不断演变，从最初的防御和交易中心，到后来的工业和服务中心，再到现在的创新和文化中心。城市是人类社会的缩影，也是人类未来的希望。

2.1.3 城市群

城市群是一种城市空间组织形式，由一个或多个中心城市和周边的卫星城市组成，形成一个相对完整的城市集合体。城市群的形成和发展受到自然地理、历史文化、经济社会、科技创新等多种因素的影响，具有以下特征：

城市群具有规模效应，能够实现经济要素的高效配置和优化，提高城市群的国际竞争力和创新能力。

城市群具有多样性，能够满足不同层次和类型的人口需求，促进城市群的社会和谐和文化多元。

城市群具有动态性，能够适应外部环境的变化，推动城市群的内部结构和功能的调整和优化。

城市群具有协同性，能够实现城市群内部的分工合作和互利共赢，促进城市群的协调发展和可持续发展。

城市群的类型和范围可以根据不同的标准和方法进行划分，如按照规模等级、空间布局、功能定位、发展阶段等。一般来说，城市群的范围应该以城市之间的经济联系和交通便利程度为主要依据，同时考虑自然环境、行政区划、历史文化等因素。城市群的范围并非越大越好，而应该符合城市群的内在发展规律和客观实际。

2.1.4 都市圈

都市圈是由一个中心城市及其周边城市和乡村组成的紧密城市集聚区，具有高度的经济联系和社会联系。它是区域经济发展的重要引擎和创新驱动的关键平台。

都市圈的形成和发展源于城市化和经济全球化的趋势。中心城市在都市圈中扮演着核心角色，它集聚了重要的政治、经济、文化和社会资源，并为周边地区提供重要的服务和就业机会。周边城市和乡村则与中心城市紧密联系，形成了一种互补和合作的关系。同时，都市圈也是创新驱动的重要平台。它集中了高等教育机构、研究机构、企业总部和创新企业，为创新和技术进步提供了有利的环境和合作机会。都市圈内的知识和技术交流促进了创新的发展，并带来了新兴产业的兴起。

都市圈在区域经济发展中具有重要的引擎作用。它集聚了大量的经济活动和资源，形成了产业集群和创新生态系统。通过在都市圈内进行合作和合作，不同城市和乡村之间可以实现资源优化配置和互惠共赢。都市圈也提供了更多的就业机会和发展机会，吸引了人才和投资。

2.1.5 经济发展

经济发展是指一个国家或地区在一定时期内，通过创新、协调、绿色、开放、共享等方式，实现经济结构、社会结构、生产方式、分配方式等方面的优化和升级，提高人民福祉和社会可持续性的过程。经济发展不仅包括经济增长，即国内生产总值（GDP）或人均国内生产总值（人均 GDP）的增长，还包括经济质量、效率、效益、公平、安全等多方面的综合评价。经济发展的目标是促进人的全面发展，实现人与自然和谐共生，构建人类命运共同体。经济发展的内涵是指经济发展所包含的基本要素和特征，它决定了经济发展的本质和属性。具体来看：

经济发展是一个动态的过程，它不是一成不变的，而是随着时间的推移和条件的变化而发生变化的。经济发展的过程是一个既有连续性又有阶段性的过程，它既有顺应规律的必然性又有创造性的主动性。

经济发展是一个多维的过程，它不是单一的，而是多方面的。经济发展不仅涉及经济领域，还涉及社会、政治、文化、生态等领域，它不仅体现在数量上，还体现在质量上，它不仅关系到物质层面，还关系到精神层面。

经济发展是一个系统的过程，它不是孤立的，而是相互联系的。经济发展是一个国家或地区的各个部门、各个层次、各个方面的协调发展，它是一个整体的发展，而不是局部的发展，它是一个平衡的发展，而不是失衡的发展。

经济发展是一个有目的的过程，它不是无意义的，而是有意义的。

经济发展的目的是为了满足人民的物质和精神需求，提高人民的幸福感和满意度，促进人的全面发展，实现人与自然和谐共生，构建人类命运共同体。

2.1.6 高质量发展

高质量发展是一种以创新为引领，以人民为中心，以协调为保障，以绿色为基础，以开放为条件，以共享为目的的发展模式，旨在实现经济、社会、环境和文化等各方面的全面进步和可持续发展。

2017 年 10 月，中国共产党第十九次全国代表大会召开，首次提出了高质量发展的概念，明确指出要推动经济发展质量变革、效率变革和动力变革。这标志着中国经济发展理念的转变，从过去追求经济规模增长为主转向更加注重质量、效益和可持续发展。

随后，在党的十九大之后的政府工作报告中，高质量发展成为重要的发展目标和指导原则。2018 年政府工作报告明确提出要统筹推进稳增长、促改革、调结构、惠民生、防风险，加快推进经济发展质量变革、效率变革和动力变革。这表明高质量发展已被纳入政府工作的整体部署，成为全面建设社会主义现代化国家的重要任务。

2019 年，党中央召开了中央经济工作会议，进一步强调高质量发展的重要性。会议强调要坚持质量第一、效益优先的原则，推动供给侧结构性改革，加快培育新的发展动能。这一会议为高质量发展提供了具体的指导和实施路径。

2020 年，新冠疫情对全球经济造成了巨大冲击，中国政府进一步强调高质量发展的重要性。政府工作报告提出要坚持稳中求进工作总基调，推动高质量发展，加大创新驱动力度，推进绿色发展，加强风险防控。这表明在应对挑战的过程中，高质量发展仍然是中国经济发展的核心目标。

从提出高质量发展理念至今，中国政府和社会各界一直在积极推动高质量发展的实施。通过推进供给侧结构性改革、加强创新驱动、推动绿色低碳发展等方面的努力，中国经济正逐渐实现质量变革、效率变革和动力变革，朝着更加可持续、稳定和高质量的发展方向前进。高质量发展不仅关乎经济的发展，更关乎人民的福祉和社会的可持续发展，是中国走向现代化的重要保证。

2.1.7 长江经济带

长江经济带是指沿长江干流和支流的 11 个省市组成的一个中国经济带，包括上海、江苏、浙江、安徽、江西、湖北、湖南、重庆、四川、云南、贵州等，面积约 205 万平方公里，占全国的 21.4%，人口和生产总值均超过全国的 40%。长江经济带是具有全球影响力的黄金水道和内河经济带，是我国沿海沿江 "T 型" 经济结构的重要支撑，也是中国生态文明建设的先行示范带[①]。推动长江经济带发展，是关系国家发展全局的重大战略，对实现 "两个一百年" 奋斗目标、实现中华民族伟大复兴的中国梦具有重要意义。

2016 年 9 月，中国正式发布了《长江经济带发展规划纲要》，规划纲要确立了长江经济带的新发展格局，即 "一轴、两翼、三极、多点"。其中，"一轴" 以长江黄金水道为核心，依托上海、武汉和重庆这三个核心城市的作用，推动经济由沿海向上游逐渐发展。而 "两翼" 则指的是沿江南北两大运输通道，即沪瑞和沪蓉通道，这是长江经济带发展的基础支撑。同时，"三极" 是指长江三角洲城市群、长江中游城市群和成渝城市群，充分发挥这三个核心城市群的辐射作用，打造长江经济带的三个主要增长极。而 "多点" 则指的是在这三个城市群之外，发挥其他地级城市的支撑作用。

长江经济带作为中国最重要的经济带之一，其拥有独特的发展优势。一是交通运输便捷。长江是中国最大的河流，拥有明显的河运优势。长江经济带横贯中国腹心地带，流域面积广阔，不仅有赣江、汉江、湘江等支流，还与京沪、京九、京广、皖赣、焦柳等南北铁路干线交汇，承东启西，接南济北，通江达海。这种便捷的交通网络为物流运输提供了便利，使得长江经济带成为一个重要的物流枢纽。二是自然资源丰富。长江经济带拥有丰富的资源。首先，它具有极其丰沛的淡水资源，为农业、工业和生活提供了重要的基础。其次，该地区拥有储量大、种类多的矿产资源，包括煤炭、石油、天然气、铁矿石等。此外，长江经济带还拥有众多旅游资源和丰富的农业生物资源，为发展旅游业和农产品加工业提供了巨大的潜力。三是产业结构完善。长江经济带一直是中国最重要的工业走廊之一。该地区集中了一大批高耗能、大运量、高科技的工业行业和特大型企业，涵盖

[①] 曹有挥，蒋自然，陈欢等. 长江沿岸港口体系的形成过程与机制[J]. 地理科学进展，2015，34（11）：1430-1440.

钢铁、汽车、电子、石化等现代工业的精华。此外，农业在该地区也具有基础地位，沿江九省市的粮棉油产量占全国 40%以上，为农产品加工和农业现代化提供了支持。四是人力资本雄厚。长江流域是中华民族的文化摇篮之一，人才荟萃，科教事业发达，技术与管理先进。该地区拥有丰富的人力资源，为经济发展提供了强大支持。高等教育和科研机构众多，培养了大量的专业人才，为各行各业的发展提供了有力支持。五是交易市场广阔。沿江九省市拥有大量的城市，市场密集且广阔。这一地区的城市化水平较高，城市密度是全国平均密度的 2.16 倍。上海浦东开发开放和三峡工程建设带来了巨额的投资需求，同时该地区居民收入水平相对较高，消费需求旺盛。这使得长江经济带对国内外投资者具有很强的吸引力。

长江经济带的发展战略导向是"共抓大保护、不搞大开发"，走"生态优先、绿色发展"之路。这就要求在发展中保护长江生态环境，修复长江生态系统，实现人与自然和谐共生，构建山水人城一体化的美丽中国样板。同时，也要在保护中发展经济社会，优化经济结构和产业布局，提高经济质量和效益，培育新的经济增长点和竞争优势，建设现代化经济体系。

2.1.8 长江中游城市群

长江中游城市群，简称中三角（Triangle of Central China），是以武汉为中心城市，长沙、南昌为副中心城市，涵盖武汉城市圈、环长株潭城市群和鄱阳湖生态经济区，辐射湖北、湖南、江西三省的经济区域。

长江中游城市群是中国国家级城市群之一，根据《国家新型城镇化规划（2014-2020 年）》以及《长江中游城市群发展规划》，它被确定为一个重要的增长极，具有推动国土空间均衡开发和引领区域经济发展的功能。

长江中游城市群的核心城市是武汉，周边的长沙和南昌则作为副中心城市，共同构成了这一城市群的发展架构。该城市群包括了武汉城市圈、环长株潭城市群和鄱阳湖生态经济区，覆盖了湖北、湖南和江西三个省份。

长江中游城市群的发展目标是加快培育，使其成为国家级城市群中的重要组成部分。它与其他国家级城市群（珠三角城市群、长三角城市群、以京津冀为核心的环渤海城市群和成渝城市群）一起，共同推动着中国的城镇化进程和经济发展。

需要注意的是，根据 2015 年的规划调整，原长江中游城市群核心的合肥已转入长江三角洲城市群中规划，不再属于长江中游城市群的范畴。

2.1.9 长江三角洲城市群

长江三角洲城市群是中国重要的城市群之一，由上海、南京、杭州等核心城市及周边地区组成。该城市群的发展脉络可以追溯到 2010 年国务院批准实施的《长江三角洲地区区域规划》，该规划明确了长三角地区的战略定位和发展目标，将其定位为全球重要的现代服务业和先进制造业中心。

在 2014 年，国务院出台了《关于依托黄金水道推动长江经济带发展的指导意见》，提出促进长江三角洲一体化发展的重要战略。这一战略旨在打造具有国际竞争力的世界级城市群，加强长江三角洲地区与长江经济带的协同发展。该规划首次将安徽纳入长三角城市群的范围，进一步拓展了城市群的辐射范围。

为了进一步推动长江三角洲城市群的发展，2016 年国务院常务会议通过了《长江三角洲城市群发展规划》，明确了到 2030 年全面建成具有全球影响力的世界级城市群的目标。该规划强调了上海的龙头作用，同时推动南京、杭州、合肥等都市圈的同城化发展。规划还提出了加大对外开放力度，吸引外资，推进贸易便利化的措施，以及加强高端制造业和现代服务业的创新发展。

近年来，长江三角洲城市群的发展取得了显著成果。上海作为核心城市，不断加强国际金融、航运和贸易中心的建设，成为全球重要的国际大都市。南京、杭州等城市也在加快国际化进程，提升城市的国际竞争力。同时，长江三角洲城市群在高端制造业和现代服务业方面取得了重要进展，推动了产业升级和创新发展。

此外，长江三角洲城市群的一体化发展也得到了国家层面的支持和推动。2019 年，上海市市长在政府工作报告中强调全力实施长江三角洲区域一体化发展国家战略，进一步推动了长三角城市群的发展。安徽全面加入长三角城市群，进一步拓展了城市群的规模和辐射范围，促进了区域间的合作与协调。

长江三角洲地区是中国经济发展最活跃、开放程度最高、创新能力最强的区域之一。在国家现代化建设大局和全方位开放格局中，它具有举足轻重的战略地位。推动长三角一体化发展，增强该地区的创新能力和竞争能力，提高经济集聚度、区域连接性和政策协同效率，对引领全国高质量发展、建设现代化经济体系具有重要意义[①]。

长江三角洲地区位于长江下游地区，包括上海市、江苏省、浙江省和安徽省的部分地区，总面积为 10.6 万平方公里，总人口为 2.3 亿，占中国国土面积的 1.1%，人口的 16.5%。该地区是中国经济的重要引擎之一。仅在 2019 年，长江三角洲地区的生产总值达到 23.7 万亿元，占中国国内生产总值的 24.8%。

长江三角洲地区也是中国科技创新的高地，拥有多所著名的高等学府和科研机构，以及众多的高新技术企业，如阿里巴巴、华为、腾讯等。这些创新力量为地区的经济发展提供了强大的支持。长江三角洲城市群内的城市之间存在着紧密的经济联系和社会交流，形成了一个高效的城市网络，为城市群的可持续发展提供了强大的动力。长江三角洲地区的城市群拥有全国约四分之一的双一流建设高校，年研发经费支出和有效发明专利数占全国的约三分之一左右。这些高等教育和科研机构的密集存在，培养出了大量的高素质人才，推动了地区的创新和发展。

2.1.10 长江经济带城市群

长江经济带城市群是以长江为纽带，以城市为节点，以产业为链条，以创新为动力，以生态为底色，以协同为机制，以高质量发展为目标，构建起的具有国际竞争力和影响力的区域经济体。具体而言，是指沿长江流域分布的一系列城市，包括上游的成渝城市群、中游的长江中游城市群和下游的长三角城市群。这些城市群具有不同的地理位置、资源禀赋、产业结构和发展水平，形成了多元化的区域特色和优势。其发展特色主要表现在以下几个方面：

首先，长江经济带城市群的经济增速呈现"西快东慢"的格局，但总体保持中高速增长，对长江经济带和全国经济发展起到举足轻重的支撑和引领作用。经济规模呈现"东大西小"的分布格局，从东向西逐渐减小，其中长三角城市群区域虽面积最小，但经济总量超过其他两大城市群之和，呈现"东多西少"的地区分布特征。

[①] 王秋玉，曾刚，苏灿等.经济地理学视角下长三角区域一体化研究进展[J].经济地理，2022，42（02）：52-63.

- 35 -

其次，长江经济带城市群的经济发展水平稳步提升，但地区间差距较大。长三角城市群的经济发展水平最高，成渝城市群的经济发展水平相对较低，而长江中游城市群的经济发展水平居中。

再次，长江经济带城市群的经济结构不断优化，产业和创新基础不断夯实。不同城市群形成了各具特色的产业集群，例如长三角城市群以高端制造业和现代服务业为主导，成渝城市群以装备制造业和生物医药业为特色，长江中游城市群以装备制造业和电子信息业为优势。这些城市群拥有一批高水平研发平台、重点实验室和创新载体，创新能力不断增强。

此外，长江经济带城市群坚持绿色发展，致力于生态环境质量的改善。它们践行生态优先、绿色发展的原则，共同致力于大保护、不搞大开发，加强生态环境系统治理和协同治理，推动经济社会实现全面绿色转型，实现人与自然的和谐共生①。

长江经济带城市群在对外开放方面取得显著进展。它们积极融入新发展格局，深化改革全面开放，建设自由贸易试验区和内陆开放型经济试验区等开放平台。与东盟等国家和地区的经贸合作日益密切，共同参与构建高标准市场体系，提高内联外达的能力。

长江经济带城市群作为长江经济带的重要引擎，具有经济增速、规模、发展水平、产业结构、绿色发展和对外开放等方面的明显特色。通过推动城市群的协同发展，可以发挥其空间枢纽作用，推动构建新的发展格局，促进长江经济带和中部地区的崛起，更好地支撑全国的高质量发展②。

2.2 理论基础

2.2.1 经济增长与发展相关理论

2.2.1.1 增长极理论

增长极理论是由法国经济学家佩鲁在 1950 年首次提出的，该理论认为

---

① 陈雯，兰明昊，孙伟等. 长三角一体化高质量发展：内涵、现状及对策[J]. 自然资源学报，2022，37（06）：1403-1412.
② 方创琳，周成虎，王振波. 长江经济带城市群可持续发展战略问题与分级梯度发展重点[J]. 地理科学进展，2015，34（11）：1398-1408.

经济增长是不平衡的，通常是从一个或数个具有推进型产业的增长中心向其他部门或地区传导的。增长极是一种具有创新能力和支配效应的经济空间，它能通过乘数效应和扩散效应带动经济发展。

增长极理论的应用和效果：增长极理论被许多国家用来解决区域发展和规划问题，有些国家如巴西和马来西亚取得了较大的成功，有些国家如法国、意大利、西班牙等则遇到了一些困难和挑战。增长极理论的有效性受到了不同的评价和怀疑。

增长极理论的优点是对社会发展过程的描述更加真实，重视创新和推进型企业的作用，形式简单明了，提供了一些有效的政策建议。增长极理论的缺陷是忽视了增长极的极化作用，扩散阶段前的极化阶段时间过于漫长，推动性产业不能带来很多就业机会，新区开发给投资带来一定难度，是一种"自上而下"的区域发展政策。

增长极理论在区域实践中存在诸多的不可行性，但其思想却是可以为区域经济的发展提供一定的参考。为了促进增长极的形成和发展，应该把增长极理论与本国的具体国情相结合，提高政府管理能力，加强区域基础设施的建设，打破行政界限的分割，培育一个生产要素能自由流动的区域经济环境，选择适当的增长极和与之相适应的技术等级和规模，发展推进型产业和产业综合体①。

2.2.1.2　经济增长理论

经济增长理论是研究解释经济增长规律和影响制约因素的理论。具体而言，经济增长是指一个经济所生产的物质产品和劳务在一个相当长的时期内的持续增长，也即是实际总产出的持续增长。经济增长理论的发展经历了古典增长理论和现代增长理论两个阶段。古典增长理论是从亚当·斯密到拉姆齐的一段时期，这一阶段的增长理论包括了很多特征完全不同的增长理论，如马克思的剩余价值理论、熊彼特的创新理论等。而现代增长理论是从拉姆齐到至今的一段时期，这一阶段的增长理论主要有新古典增长模型和内生增长模型两大类。现代增长理论的特点是研究方法上的标准化和主流化，以及研究结论上的可比性和扩展性。现代增长理论的研究方

---

① 李建国，李智慧. 区域经济协调发展与城乡一体化的中国探索[J]. 当代经济研究，2017，（04）：78-85.

法主要是运用新古典的分析框架和动态时间序列方法，以代理人的最优化决策为基础，建立各种经济模型。

经济增长理论的内核是经济增长中的"均衡"和"最优"思想。均衡是指每一个市场在每一个时间位置上的需求和供给都相等，市场持续出清。最优是指所有的潜在资源都处于充分利用的状态，资源配置达到帕累托最优的状态。经济增长理论的目的是寻找实现均衡增长和最优增长的条件和动力。

经济增长理论的主题是经济持续增长的动力来源和经济增长的收敛性。动力来源是指影响经济增长的主要因素，如资本积累、技术进步、人口增长、制度变迁等。收敛性是指经济增长在不同国家之间的分布状况，如是否存在促使不同国家人均产出水平趋于一致的趋势。经济增长理论的研究方法是通过理论分析和经验检验来探讨这两个主题。

经济增长的根本目的在于解释和指导经济增长的实践，它对于经济政策的制定和实施有着重要的指导作用。经济增长理论可以帮助我们认识经济增长的本质和规律，分析经济增长的影响因素和制约条件，评价经济增长的效果和后果，提出经济增长的目标和策略，促进经济增长的质量和效率，实现经济增长的可持续性和包容性。

2.2.1.3 区位理论

区位理论是一门研究人类活动在空间上的分布、选择和优化的学科，它涉及农业、工业、商业、服务业等各个领域，也与经济、地理、社会、文化等多个学科有关。区位理论的发展经历了三个阶段：新古典区位理论、结构主义区位理论和现代区位理论。

新古典区位理论是以马歇尔和韦伯为代表的传统区位理论体系，它主要关注运输成本、规模经济、地租等因素对区位选择的影响，以及产业集聚现象的形成机理和类型。新古典区位理论的缺陷是过于静态、理想化和抽象，忽视了人的行为、社会结构、信息技术等因素的作用。

结构主义区位理论是以梅西、布劳戴尔、瓦伦斯泰因等为代表的批判性区位理论，它主要强调社会文化因素、结构因素、系统因素对区位选择或区位形成过程的影响，以及跨国公司和大型企业的区位策略和垄断本质对全球产业区位结构的互动影响。结构主义区位理论的不足是过于宏观、概括和偏向，忽视了微观层面的区位行为和区位竞争。

现代区位理论是以克鲁格曼和波特为代表的创新性区位理论，它主要关注信息技术、创新能力、网络关系、区域合作等因素对区位选择的影响，以及区位竞争、区位优势、区位动力等问题的分析。现代区位理论的优点是更加动态、综合和实用，能够适应全球化和信息化的时代背景。

2.2.1.4　创新理论

创新理论的奠基人是美籍奥地利经济学家熊彼特，他在 1912 年出版的《经济发展理论》中提出了创新的概念和作用，认为创新是资本主义经济发展和周期的内生动力，包括引入新产品、新方法、新市场、新供给来源和新组织形式等五种形式。熊彼特还根据创新浪潮的起伏，把资本主义经济的发展分为三个长波，即产业革命时代、蒸汽和钢铁时代、电气、化学和汽车工业时代。

创新是经济增长和发展的重要驱动力，其理论和实践在经济思想发展史中扮演着重要角色。熊彼特的创新理论强调了创新作为生产过程内生的力量，对经济变革和发展的重要性进行了深入探讨。然而，随着时间的推移和技术的迅猛发展，创新的性质和影响也发生了变化。

在 20 世纪 60 年代，随着新技术革命的兴起，技术创新逐渐成为创新活动中越发重要的一环。经济学家罗斯托提出了"起飞"六阶段理论，强调了技术创新在经济发展中的关键地位。然而，随着技术创新的进展，其越来越强的知识依赖性导致创新变得更加复杂，需要高度积累的知识群体来推动。这也导致了创新与应用之间的壁垒逐渐形成。

同时，创新的扩散过程也成为研究的重要方向。罗杰斯提出的创新扩散理论深入分析了创新采纳率和扩散网络形成的多个因素，对创新的影响进行了全面研究。创新扩散研究的发展使我们更好地理解了创新的传播过程和社会系统对创新的影响。

进入 21 世纪，随着知识社会的形成和信息技术的推动，对创新的认识进一步演进。创新被认为是各创新主体和创新要素相互作用下的复杂现象，是创新生态系统中技术进步和应用创新共同演进的结果。关注价值实现和用户参与的以人为本的创新 2.0 模式开始成为对创新重新认识的探索和实践。下面，我们具体介绍一下创新2.0。

创新 2.0 是一个新生的概念，它是在知识社会的条件下，以用户为中心的创新模式，强调创新的民主化、开放性、共享性和协作性。创新 2.0 不再是从研究到应用的线性链条，而是多主体参与、多要素互动的复杂涌现现象，是技术进步和应用创新的双螺旋结构共同演进的产物。创新 2.0 的典型实践活动有草根创新、众包创新、众筹创新、社会创新等，它们都利用了信息通信技术的发展和知识网络的形成，突破了传统的创新壁垒和信息不对称，激发了更广泛的创新需求和创新潜力。

创新 2.0 的价值和挑战：创新 2.0 的出现和发展，对于促进科技创新体系的完善和创新生态的形成具有重要的价值和意义。创新 2.0 有利于实现创新的双螺旋驱动，推动技术进步和应用创新的互补和互动，形成有利于创新涌现的创新生态。2 创新 2.0 也有利于实现创新的民主化，扩大创新的参与主体和受益群体，提高创新的效率和效果，增强创新的社会责任和公益性。同时，创新 2.0 也面临着一些挑战和问题，如如何保证创新的质量和安全，如何保护创新的知识产权和利益分配，如何协调创新的多元化和规范化，如何评估创新的影响和价值等。这些问题需要创新 2.0 的理论和实践不断探索和完善，也需要创新政策的科学制定和有效实施。

2.2.2 地理空间相关理论

2.2.2.1 点轴理论

点轴理论是中国地理学家陆大道院士于 1984 年提出的一种区域开发理论，它认为在一个广大的地域内，经济中心（点）和交通线路（轴）之间存在着相互作用和影响，形成了一种动态的空间结构和发展模式。点轴理论主要包含以下几个方面：

点轴理论将一个地域划分为点和轴两个要素，点指各级居民点和中心城市，轴指由交通、通讯干线和能源、水源通道连接起来的基础设施束。点和轴之间存在着极化和扩散的双向作用，即点对周围区域有吸引力和凝聚力，而轴对附近区域有扩散力和辐射力。点轴理论认为，通过点的集聚和轴的贯通，可以形成点轴系统，从而促进区域经济的发展。

点轴理论是在中国改革开放的历史条件下产生的，它反映了中国经济发展的不均衡性和阶段性，以及区域开发的方向性和时序性。点轴理论借鉴了西方的增长极理论和发展轴理论，但又根据中国的国情和实际，提出了自己的特色和创新。点轴理论既符合生产力空间运动的客观规律，又体现了政府的主导作用和市场的调节作用，是一种具有中国特色的区域开发理论。

点轴理论在中国的区域开发和规划实践中得到了广泛的应用和验证，尤其是在中西部地区，点轴理论为区域经济的振兴和协调提供了指导和依据。例如，沿海、沿江、沿河的三大轴线地带，就是点轴理论的典型体现，它们通过点的集中和轴的延伸，形成了国家未来发展的增长轴。同时，中西部地区也通过选取和培育有优势和潜力的增长极、增长带和增长中心，实行特殊的政策和灵活的措施，打造了一批点轴系统，推动了区域经济的发展。此外，沿边地区也通过全方位开放，建设边疆经济特区，开发开放边疆地带，使之成为对外贸易和投资的热点，促进了边疆经济的发展。

点轴理论是一种具有创新性和实用性的区域开发理论，它为区域经济的发展提供了一种空间线性推进的方式，有利于实现资源的优化配置，促进区域间的经济联系，缩小区域间的差异，形成区域网络和市场。但需要指出的是，点轴理论也存在一些局限性，如对点和轴的界定和选择标准不够明确，对点和轴的作用机制和影响因素不够深入，对点和轴的发展时序和空间距离不够精确，对点和轴的协调和平衡不够重视等。因此，点轴理论还需要不断地完善和发展，以适应不断变化的社会经济环境。

2.2.2.2 网络开发理论

网络开发理论是一种区域经济发展的理论和模式，它是在点轴开发理论的基础上发展而来的。点轴开发理论将一个地域划分为点和轴两个要素，分析它们之间的极化和扩散作用，构建点轴系统，促进区域内生产要素的集聚和流动。网络开发理论则进一步强调，要加强点轴系统之间的联系，以及与其他区域的联结，形成一个更广泛、更密集、更灵活的经济网络，实现区域经济的一体化和优化。网络开发理论的核心是增强网络的广度和密度，即网络覆盖的空间范围和网络内部的联系强度。网络开发理论的目标是促进区域内外的经济联系，提高区域的竞争力和协调性。网络开发理论的实践活动包括建设区域经济特区、区域经济合作组织、区域经济一体化机制等，它们都利用了信息技术和交通技术的发展，打破了传统的空间障碍，促进了区域间的经济互动和协作。

网络开发理论在现实中的应用也比较广泛，首先，引导区域经济特区、区域经济合作组织、区域经济一体化机制等的建设和发展，利用信息技术和交通技术的发展，打破传统的空间障碍，促进区域间的经济互动和协作。例如，中国的珠江三角洲、长江三角洲地区，就是网络开发理论的典型应用，它们通过点的集中和轴的延伸，形成了国家未来发展的增长轴。其次，指导区域内的城乡一体化，缩小城乡差距，提高区域的协调性和竞争力。通过建设和完善区域内的交通、通讯、能源、水源等基础设施，加强城市和农村的联系，促进生产要素的流动和配置，实现区域内的资源优化和效益最大化。例如，江苏省利用远程教育网络，为失地农民提供实用技能培训、专业技术辅导、创业引导服务等，帮助他们实现灵活就业、稳定就业或自主创业。最后，推动区域内的创新能力和创新活动，提高区域的核心竞争力和发展潜力。通过建立和发展区域内的创新网络，包括科研机构、高校、企业、政府等创新主体，以及创新基地、创新平台、创新载体等创新要素，实现区域内的创新资源的共享和协同，促进区域内的技术创新、产品创新、模式创新等。例如，基于网络环境的跨时空、跨企业、跨学科领域的协同产品开发，就是一种网络开发理论的创新应用，它能够针对市场机遇，快速组建产品开发动态联盟，以更快的速度适应市场和降低开发成本。

2.2.2.3 中心地理论

中心地理论的提出是基于对德国南部城镇的实地调查，克里斯塔勒发现城镇的分布、规模和职能有一定的规律性，他试图寻找支配城镇形成的原则，并在1933年出版了《德国南部的中心地》一书，系统地阐述了中心地的概念、分类、分布模式和形成原因，建立了中心地理论的基本框架。克里斯塔勒的理论受到杜能和韦伯区位论的影响，也借鉴了新古典经济学的假设条件，如理想地表、均匀分布、完全竞争、经济人等。

该理论在提出后受到了广泛的关注和应用，也引发了一系列的批评和修正。廖什在1940年出版了《空间经济学》一书，对中心地理论进行了扩展和完善，提出了最小总费用原则，引入了生产者的成本因素，考虑了不同地区的人口密度和购买力差异，放宽了理想地表的假设，使理论更贴近实际。后来，许多学者对中心地理论进行了进一步的发展和应用，如洛斯奇、伊索德、贝里、弗里德曼等，他们从不同的角度和层次探讨了中心地理论的适用范围、空间结构、动态变化、实证检验等问题，使理论更加丰富和深刻。

中心地理论的核心内容是阐述一个区域内各级中心地的分布、规模和职能的关系和规律。中心地是指向周围地区提供各种商品和服务的地方，中心地的等级由其提供的商品和服务的级别决定，中心地的数量和分布与其等级高低成反比，中心地的服务范围与等级高低成正比，一定等级的中心地不仅提供相应级别的商品和服务，还提供所有低于这一级别的商品和服务，一定级别的中心地附属于高一级的中心地，形成中心地体系。克里斯塔勒认为，有三个条件或原则支配中心地体系的形成，分别是市场原则、交通原则和行政原则。在不同的原则支配下，中心地体系呈现不同的空间结构，而且中心地和市场区的大小的等级顺序有着严格的规定，即按照所谓 K 值排列成有规则的、严密的系列。市场原则下的中心地体系是 K=3 的系统，交通原则下的中心地体系是 K=4 的系统，行政原则下的中心地体系是 K=7 的系统。

中心地理论是一种创新的、系统的、理论性强的城市区位理论，它为研究城市体系的结构、功能和演变提供了一个有力的理论工具，也为区域经济学、区域规划和城市规划等领域提供了一个重要的理论基础。中心地理论不仅有助于理解城市的空间分布和等级体系的形成机制，还有助于指导城市的合理布局和发展，促进区域的协调和平衡，提高区域的综合效益和竞争力。中心地理论虽然存在一些不足之处，如假设条件过于理想化、忽视了城市的历史和文化因素、缺乏对城市动态变化的分析等，但它仍然是一种有生命力的理论，对于推动城市地理学和区域科学的发展有着不可替代的作用。

2.2.2.4 空间相互作用理论

空间相互作用理论是一种研究区域之间商品、人口、资金、技术、信息等流动的理论，它是区域经济学的重要分支，也是区域规划、城市规划、交通网规划的理论基础。空间相互作用理论的提出和发展，主要受到物理学、数学、地理学、社会学等学科的影响，它反映了区域之间的相互依存和相互影响的程度和规律。具体而言，距离衰减原理是空间相互作用理论的基本假设，它认为空间相互作用的强度与距离成反比，即距离越远，相互作用越弱。这一原理反映了空间阻力的作用，即空间相互作用的成本和难度随着距离的增加而增加。距离衰减原理可以用不同的函数形式来表示，如指数函数、幂函数、对数函数等，它们都具有随着距离的增加而递减的特点。距离衰减原理可以用来解释区域之间的贸易、人口迁移、信息传播等现象。

空间相互作用理论的核心模式是引力模式。空间相互作用的量与两个区域的规模和距离有关，即规模越大，距离越近，相互作用越强。这一模式借鉴了牛顿的万有引力定律，将物理学的概念引入到区域经济学中，它反映了空间吸引力的作用，即区域的规模和密度决定了其对其他区域的吸引力。

潜能模式是空间相互作用理论的补充模式。一个区域的空间潜能取决于其与其他区域的相互作用的总和，即潜能越高，相互作用越多。这一模式借鉴了电势能的概念，将电学的概念引入到区域经济学中，它反映了空间的集聚能力，即区域的潜能决定了其对其他区域的影响力。

空间相互作用模式将引力模式和潜能模式结合起来，形成一个更完善的空间相互作用分析框架。这一模式由英国地理学家威尔逊（A.G. Wilson）于 20 世纪 70 年代初提出，他将空间相互作用量看作是一个封闭系统中两个区域的潜能的乘积，同时考虑了距离衰减和区域间的平衡条件。

空间相互作用理论通过量化的方法，分析了区域之间的相互作用的强度和方向，揭示了区域间的联系和影响的规律和机制，为区域经济的研究提供了一个重要的视角和工具。不仅如此，空间相互作用理论通过计算区域的空间潜能，评价了区域的发展水平和竞争力，反映了区域的集聚能力和辐射能力，为区域经济的比较和评价提供了一个有效的指标和方法。此外，空间相互作用理论通过模拟区域之间的空间相互作用量，指导了区域的空间结构和空间布局的优化，为区域的规划和发展提供了一个科学的依据和参考。

2.2.3 区域创新与协调发展相关理论

2.2.3.1 区域创新系统理论

区域创新系统是指在一定的地理范围内，经常地、密切地与区域企业的创新投入相互作用的创新网络和制度的行政性支撑安排。区域创新系统的定义没有一个普遍接受的标准，但是一般认为区域创新系统应具有以下几个基本内涵：以促进区域内创新活动为目的，鼓励区域内的企业充分利用地域范围内的社会关系、规范、价值和交互作用等来形成特殊形式的资本（社会资本）以增强区域创新能力和竞争力。区域创新系统理论是在创新系统理论和区域科学理论的基础上发展起来的，它将创新视为一个进化的和社会的过程，强调区域内多个行为主体之间的相互作用和网络化，以及区域的地理、制度和文化等因素对创新的影响。区域创新系统理论的提出反映了对技术创新过程的认识从单个企业及内部向多个行为主体及网络化过程的转变，也反映了区域作为创新的重要载体和空间的认识。

区域创新系统理论的演进经历了从描述性到分析性，从静态到动态，从单一到多元的过程。最初的区域创新系统理论主要是通过对一些成功的创新型区域，如硅谷、第三意大利等的描述性研究，揭示了区域内部的创新网络和制度的特点。后来的区域创新系统理论开始从分析性的角度，探讨了区域创新系统的内部机制和外部环境，以及区域创新系统的形成和演化的动力和路径。最近的区域创新系统理论则更加注重区域创新系统的多样性和复杂性，尝试对区域创新系统进行分类和比较，以及考虑区域创新系统与国家创新系统和全球创新系统的关系。

区域创新系统的内部机制主要由互动学习、知识生产、邻近性和社会根植性等四个方面构成。它们是区域创新系统最主要的方面，也是区域创新系统区别于其他系统的本质特点。区域创新系统的外部环境主要包括国家创新系统和全球创新系统等层面的影响。区域创新系统与国家创新系统的关系既有协调又有冲突，区域创新系统与全球创新系统的关系既有融合又有分化。

对应地，区域创新系统的实际价值主要体现在以下几个方面，首先，区域创新系统有利于提高区域的创新能力和竞争力，促进区域的经济发展和社会进步。其次，区域创新系统有利于促进区域内的知识产生和知识共享，形成区域的知识资本和知识优势。再次，区域创新系统有利于促进区域内的社会资本和社会凝聚力，形成区域的社会文化和社会认同。最后，区域创新系统有利于促进区域与国家和全球的协调发展，形成区域的开放性和包容性。因此，建立和完善区域创新系统是提升自主创新能力，实现经济转型升级的关键。

2.2.3.2 "大都市圈"理论

大都市圈理论是一种研究区域经济发展的基础理论，它认为在一定的地理或行政区域内，由一个或几个大城市为核心，辐射并带动周边的中小城市，形成具有一定影响力和竞争力的区域城市群或城市带。这种城市群或城市带具有集聚效应的制造业产业链和集约化的永久性城市社区居民群体。

大都市圈理论最早由法国经济学家戈特曼于1957年提出，他根据城市的规模、功能、联系和影响力，将世界上的城市划分为四个等级，即世界级城市、国家级城市、区域级城市和地方级城市，并认为世界级城市是全球经济的中心和引擎，它们之间形成了六大都市圈，即纽约、巴黎、伦敦、东京、长江三角洲和环五大湖。

大都市圈理论在后来的研究中不断得到发展和完善。首先，对都市圈的类型和特征进行了分类和分析，如海岸型、海湾型、陆桥型、生态型、创新型等，每种类型都有其自身的特征和优势；其次，对都市圈的形成机制和动力进行了探讨，如市场化、全球化、工业化、城市化、政策导向等，这些因素既有利于都市圈的发展，也存在一些问题和挑战；再次，对都市圈的功能和作用进行了评价和展望，如经济增长、区域协调、社会稳定、环境保护、国际竞争等，这些功能和作用既体现了都市圈的内在价值，也反映了都市圈的外部影响。

大都市圈理论对于理解和指导区域经济发展具有重要的实际价值。一方面，提供了一种新的区域发展模式，即以大城市为核心，以城市群或城市带为形式，以产业链和市场链为纽带，以创新和协作为动力，实现区域的高效率、高质量、高水平的发展；另一方面，提供了一种新的区域规划思路，即根据都市圈的类型和特征，制定符合其发展阶段和功能定位的区域规划，优化区域的空间布局、资源配置、产业结构、交通网络、环境治理等，提高区域的整体竞争力；此外，该理论提供了一种新的区域治理方式，即建立以都市圈为单元的区域治理体系，加强都市圈内部的协调和合作，解决都市圈发展中的问题和矛盾，如城乡差距、区域不平衡、资源环境压力等，实现区域的协调发展。

2.2.3.3 主体功能区理论

主体功能区是一种国土空间开发的理论和实践，它根据不同区域的资源环境承载能力、现有开发密度和发展潜力等，将特定区域确定为特定主体功能定位类型的空间单元，以实现区域协调发展和可持续发展的目标。

主体功能区的理论源于国外的区域规划和区域政策，主要是为了解决区域间的不平衡和不协调问题，促进区域间的分工和合作，提高区域的整体效益。国外的主体功能区划分主要依据的是区域的经济功能和社会功能，如产业功能区、服务功能区、居住功能区等。

主体功能区的理论在我国经历了从引入到创新的过程，主要是为了适应我国国情和发展需要，突出我国的资源环境约束和生态安全问题，将生态功能区作为主体功能区的重要类型，强调区域的生态功能和生态产品，建立生态补偿机制，实现生态文明建设。

对于主体功能区的理论内涵，我们可以从以下几个方面展开介绍：一是主体功能区是一种国土空间开发的战略性、基础性和约束性规划，是国家对区域发展的总体安排和指导，是区域政策的重要内容和手段。二是主体功能区是一种区域类型的划分，是根据区域的主体功能定位，将国土空间划分为优化开发区域、重点开发区域、限制开发区域和禁止开发区域四类主体功能区，每类主体功能区又可以细分为不同的子类型，如城市化地区、农产品主产区、重点生态功能区等。三是主体功能区是一种区域发展的模式，是根据区域的主体功能定位，确定区域的发展方向、开发强度、开发方式和开发管制原则，实现区域的功能优化、结构优化、布局优化和效益优化。四是主体功能区是一种区域协调的机制，是根据区域的主体功能定位，调整区域的财政、投资、产业、土地、农业、人口、环境等相关政策，建立区域的绩效评价和考核体系，促进区域间的分工和合作，实现区域的协调发展和可持续发展。

主体功能区一方面有利于调整产业布局，引导产业转移和升级，提高产业的质量和效益。另一方面，通过建立完善的财政和投资政策，增加对限制开发和禁止开发区域的财政转移支付，支持重点开发区域的基础设施建设，实现公共服务均等化。此外，还有利于建立完善的土地和人口管理政策，引导人口有序流动，逐步形成人口与经济合理分布的空间格局。对于提高区域调控水平有着重要意义。

2.2.3.4 地区经济一体化理论

地区经济一体化理论是研究区域内两个或两个以上的国家或地区之间，通过建立共同的协调机构，制定统一的经济贸易政策，消除相互之间的贸易壁垒，逐步实现区域内共同的协调发展和资源的优化配置，以促进经济贸易发展。

这一理论的提出始于 20 世纪 40 年代的西欧，当时欧洲国家为了恢复战后的经济，加强政治和安全的合作，开始探讨区域内的经济整合的可能性和必要性。欧洲煤钢共同体于 1952 年成立，随后欧洲经济共同体和欧洲原子能共同体相继成立，标志着欧洲经济一体化的实践开始。这一概念不仅是一种理论，还具备丰富的实践经验，引起了众多经济学家的浓厚兴趣。

地区经济一体化理论经历了两个阶段的演变：关税同盟理论和区域一体化理论。关税同盟理论是区域经济一体化理论的核心，主要研究区域内成员国之间实行自由贸易，对外实行统一的关税政策的经济效果。该理论的奠基人是美国经济学家瓦伊纳（Viner），他在 1950 年的《关税同盟问题》一书中提出了贸易创造和贸易转移的概念来衡量关税同盟对成员国和非成员国的福利影响。在瓦伊纳之后，许多经济学家对关税同盟理论进行了扩展和完善，从动态效应、规模经济效应、竞争刺激效应和投资刺激效应等方面对其影响进行深入分析。区域一体化理论是在关税同盟理论基础上发展起来的，主要研究区域内不仅商品自由流动，而且生产要素也自由流动，形成一个统一的市场，实现资源的最优配置的经济效果。该理论的代表人物是英国经济学家蒂宁（Tinbergen），他在 1965 年的《国际经济一体化》一书中提出了区域一体化的五个阶段，即自由贸易区、关税同盟、共同市场、经济联盟和完全经济一体化，并分析了每个阶段的特点和要求。在蒂宁之后，许多经济学家对区域一体化理论进行了修正和发展，从区域一体化的动力、障碍、成本、收益、政策协调等方面进行了系统研究。

区域经济一体化的主体是地缘相邻或相近的国家或地区，它们通过签订协议，建立区域性的经济组织或集团，实现区域内的经济合作和协调。其动力是为了获得最大的利益，包括经济利益、政治利益、安全利益等，这种利益的驱使，使各国积极参与区域经济一体化的活动。需要注意的是，这是一个动态的过程，不断的从低级向高级发展，具有一系列的区域经济一体化形态，如自由贸易区、关税同盟、共同市场、货币联盟、经济与货币联盟和完全经济一体化等。通过消除区域内的贸易壁垒，促进区域内的贸易创造，提高区域内的生产效率和福利水平，同时也会对区域外的贸易和福利产生影响，这种影响取决于区域内外的贸易弹性、替代性、互补性等因素。不同地区在实践地区经济一体化时采取的具体形式和方式各异。例如，欧洲经济一体化的代表是欧盟（欧洲联盟），它通过建立共同市场、实行货币一体化等措施，实现了成员国之间的经济一体化。而在亚洲地区，东盟（东南亚国家联盟）是一个重要的区域经济组织，通过签署自由贸易协定、推动投资自由化等方式促进了成员国之间的经济一体化进程。在可以预见的未来，经济全球化和区域经济一体化将并同发展，对世界经济发展及经济关系产生重大影响。

2.2.4 环境与可持续性相关理论

2.2.4.1 生态系统理论

生态系统理论由布朗芬布伦纳提出，强调了个体发展与相互作用的环境系统之间的嵌套关系。在城市经济学中，这一理论可以被应用于分析城市作为一个复杂的经济生态系统，其中个体和不同的环境系统相互作用并影响城市经济的发展。

生态系统理论的演进可以从微观到宏观层面展开。微观层面可以研究城市中的个体与其直接环境（如家庭、学校、社区）之间的相互作用对经济发展的影响。中间层面可以研究不同微系统之间的联系，例如家庭与学校、企业与社区之间的互动对城市经济的影响。外层系统可以涉及到城市的政策环境、法律框架和经济体制等对城市经济发展的影响。宏观层面则可以关注城市所处的文化、亚文化和社会环境对城市经济的塑造。

生态系统理论在城市经济学中的内涵包括了城市经济系统的复杂性、个体与环境的相互作用、不同层面的环境影响以及城市经济的发展动态等方面。城市经济被视为一个嵌套的系统，包括了个体、家庭、社区、企业和政府等多个层面，它们相互作用并共同塑造着城市经济的发展路径。

生态系统理论提供了一个综合的框架，帮助我们理解城市经济发展的复杂性和多样性。通过分析个体与环境系统之间的相互作用，可以深入探讨城市经济中的关键因素和机制。此外，生态系统理论还强调了不同层面的环境影响，使我们能够更好地理解城市经济中的多重因素和相互关系。在城市规划、城市政策和城市发展战略制定方面，生态系统理论的应用可以提供科学的依据和指导，促进可持续和综合发展。

2.2.4.2 社会责任投资理论

社会责任型投资（Socially Responsible Investing，简称 SRI）是一种将投资目的与社会、环境以及劳工问题相统一的投资模式。它强调投资者应该在投资决策中综合考虑经济、环境和社会因素，将财务回报与社会责任履行相统一。以下是有关社会责任投资理论的详细内容。

社会责任投资理论的提出源于对传统投资模式的批判。传统的财务和业绩指标并不能全面评估企业的价值。在 20 世纪六、七十年代，由于政治经济环境的变化以及日益严重的环境问题，人们开始认识到企业在社会和环境方面的责任。社会责任投资理论应运而生，旨在强调投资者应该考虑企业的社会责任履行情况。

社会责任投资理论经历了演进和发展。最初，主要采用规避筛选法，即避免投资那些在劳工、人权、环境等方面存在问题的公司。然而，随着时间的推移，积极筛选法逐渐兴起。投资者开始积极寻求社会、环境记录良好、企业治理优良的公司进行投资。此外，股东倡导和社区投资也是社会责任型投资的方法，通过积极行动推动企业履行社会责任。

社会责任投资的核心内涵是在投资决策中综合考虑经济、环境和社会因素，将财务回报与社会责任履行相统一。传统的投资模式往往忽视了企业对环境的影响、劳工权益以及社会公共利益。而社会责任投资强调投资者应该关注企业的环境保护、社会道德和公共利益等方面表现，以实现更全面的企业评估。这种综合考虑的方法可以帮助投资者获得更全面的投资信息，并更好地了解企业的长期可持续性。

社会责任投资具有重要的意义。首先，它可以为投资者带来高于平均回报率的投资回报。研究表明，关注社会和环境问题的企业往往在长期内表现出更好的财务绩效。这证明社会责任与经济利益并非对立，而是可以相互促进的。其次，通过积极的资本引导和股东行动，社会责任投资可以推动企业履行社会责任，促进企业、社会和环境的可持续发展。投资者可以通过投票权和股东提案等方式对企业进行监督和激励，推动企业改善社会和环境绩效。此外，社会责任投资也能够引领企业改善管理，减少环境风险，提升企业形象和竞争力。

尽管社会责任投资在全球范围内得到了广泛的认可和实践，但在中国和其他地区的发展仍面临挑战。其中一些挑战包括缺乏统一的评估标准和指标体系、信息不对称以及投资者对社会责任的认知欠缺等。然而，社会责任投资的重要性和前景是不可忽视的。随着社会对可持续发展和企业社会责任的关注不断增加，越来越多的投资者开始将社会责任纳入投资决策的考量因素中。这促使金融机构和企业越来越多地采取可持续发展的实践和策略，以满足投资者的需求。

总结起来，社会责任投资理论强调将投资目的与社会、环境以及劳工问题相统一，综合考虑经济、环境和社会因素，在投资决策中追求长期的可持续发展和综合回报。它不仅为投资者提供了一种具有三重底线的投资模式，同时也推动了企业社会责任的履行，为可持续发展做出了积极贡献。尽管在中国和其他地区的发展还存在挑战，但社会责任投资的重要性和前景是不可忽视的，需要各方的共同努力推动其发展和实践。

2.2.4.3　可持续发展理论

可持续发展理论是指既满足当代人的需要，又不对后代人满足其需要的能力构成危害的发展。这一理论的提出源于人类对自身发展与自然环境关系的反思和危机感。20 世纪中叶，随着经济增长、城市化、人口、资源等所带来的环境压力，人们开始怀疑传统的"增长=发展"的模式，并对其造成的生态破坏和资源耗竭进行了批判和警告。

可持续发展理论的形成和发展经历了一个由理论到实践，由认知到行动的过程。1987 年，联合国世界环境与发展委员会发布了《我们共同的未来》报告，正式提出了可持续发展的概念和模式，并将其定义为"满足当代人的需要，而不损害后代人满足自己需要的能力"。这一报告为可持续发展理论提供了一个统一的框架和基本原则，为人类社会的发展指明了一个新的方向。1992 年，联合国在巴西里约热内卢召开了环境与发展大会，通过了《21 世纪议程》、《气候变化框架公约》等一系列文件，明确把发展与环境密切联系在一起，使可持续发展成为全球的共识和行动。此后，各国根据自身的国情和发展阶段，制定了各自的可持续发展战略和行动计划，积极推进可持续发展的实践。同时，可持续发展理论也不断得到深化和完善，涌现了一批可持续发展的相关理论和方法，如弱可持续发展和强可持续发展、生态足迹、人类发展指数、生态经济学等。

可持续发展是一个综合的、动态的、多维的概念，涉及经济、社会、文化、技术和自然环境等多个领域，要求在不同的层次、不同的领域、不同的时空尺度上实现发展的协调和平衡。

可持续发展是一个相对的、有条件的、有限度的概念，要求在地球的承载能力和资源的有限性的前提下，满足人类的基本需要和合理愿望，保障人类的生存权和发展权，同时也尊重自然的价值和权利。

可持续发展是一个公平的、包容的、共同的概念，要求在不同的国家、不同的地区、不同的群体、不同的代际之间实现发展的公平和共享，消除发展的不平等和不公正，促进人类的和谐和幸福。

可持续发展理论为人类社会的发展提供了一个新的理念和目标，为人类与自然的和谐共生提供了一个新的视角和路径，为人类社会的可持续发展提供了一个新的价值和选择。

可持续发展理论为经济学的发展提供了一个新的挑战和机遇，为经济学的理论创新和方法改革提供了一个新的契机和动力，为经济学的应用和服务提供了一个新的领域和平台。

可持续发展理论为环境保护和资源管理提供了一个新的依据和工具，为环境评价和监测、资源配置和利用、生态修复和优化提供了一个新的标准和方法，为环境政策和规划提供了一个新的参考和指导。

2.2.4.4 绿色经济理论

绿色经济理论是一种以可持续发展为目标，以资源节约和环境友好为特征，以生态农业、循环工业和持续服务产业为内容的经济理论。它是在传统经济理论的基础上，结合生态学、环境科学、系统论等学科的知识，对经济活动与自然环境的关系进行重新审视和创新的产物。绿色经济理论的提出和演进，与人类社会的经济发展阶段和环境危机的形势密切相关。

绿色经济理论的提出，可以追溯到 20 世纪 70 年代，当时由于工业化和城市化的快速发展，导致了能源危机、环境污染、生物多样性丧失等一系列的生态问题，引起了人们对经济增长模式和发展理念的反思。1972 年，罗马俱乐部发布了《极限增长》报告，指出了人类社会在有限的地球上无限制地追求经济增长的不可持续性，提出了"零增长"的观点，为绿色经济理论的萌芽奠定了基础。1973 年，美国经济学家诺德豪斯提出了"绿色国民收入"的概念，试图将环境因素纳入经济核算，为绿色经济理论的发展提供了方法论的支撑。1987 年，世界环境与发展委员会发布了《我们共同的未来》报告，正式提出了"可持续发展"的概念，强调了经济、社会和环境的协调发展，为绿色经济理论的形成奠定了理论基础。

绿色经济理论的演进，可以分为三个阶段。第一阶段是从 20 世纪 80 年代到 90 年代初，主要是以绿色经济学为代表，强调了自然资源和环境的价值，主张将环境成本和效益纳入经济决策，运用市场机制和政府干预来实现资源的有效配置和环境的优化管理。第二阶段是从 90 年代中期到 21 世纪初，主要是以低碳经济、循环经济和生态经济为代表，针对全球气候变化、资源枯竭和生态恶化等挑战，提出了降低碳排放、实现资源再利用和恢复生态平衡等目标，探索了一系列的技术创新和制度创新的途径和方法。第三阶段是从 21 世纪初至今，主要是以绿色增长、绿色转型和绿色发展为代表，从宏观的角度，将绿色经济作为一种新的经济结构、增长方式和社会形态，强调了绿色经济对促进经济增长、创造就业、减少贫困、提高福利、增强竞争力等方面的积极作用，倡导了一种全球性的绿色合作和治理的理念和框架。

关于绿色经济理论的内涵，可以从三个方面来理解。第一，绿色经济是一种以效率、和谐、持续为发展目标的经济。效率是指绿色经济要提高资源的利用效率和经济的增长效率，降低能源的消耗强度和环境的污染强度，实现经济与环境的双赢。和谐是指绿色经济要协调经济、社会和环境的关系，平衡当代人和后代人的利益，促进人与自然的和谐共生。持续是指绿色经济要保障资源的可再生性和环境的可恢复性，满足人类的长期发展需要，实现经济的可持续增长。第二，绿色经济是一种以生态农业、循环工业和持续服务产业为基本内容的经济结构。生态农业是指以保护和改善农业生态环境为目的，以生物技术和生态工程为手段，以提高农业生产力和农产品质量为目标的农业。循环工业是指以减少资源消耗和废弃物排放为目的，以循环利用和清洁生产为手段，以提高工业效益和竞争力为目标的工业。持续服务产业是指以满足人类多样化和高层次的需求为目的，以知识、技术和创新为手段，以提高服务质量和效率为目标的服务业。第三，绿色经济是一种以绿色经济、绿色新政、绿色社会为发展体系的社会形态。绿色经济是指以资源节约和环境友好为特征，以生态农业、循环工业和持续服务产业为内容，以效率、和谐、持续为目标的经济。绿色新政是指以促进绿色经济发展为目的，以政府主导和市场导向为原则，以法律、规划、税收、补贴、标准、监管等为手段的政策体系。绿色社会是指以绿色经济和绿色新政为基础，以人本自然为理念，以绿色生活和绿色文化为特征，以绿色公民和绿色组织为主体的社会。

对于绿色经济理论在城市群建设方面的意义，可以从以下几个方面来认识：①绿色经济理论为城市规划、建设和治理提供了新的理念和目标。绿色经济理论强调以人民为中心，坚持生产发展、生活富裕、生态良好的文明发展道路，推动城市实现经济、社会和环境的协调发展，提高城市的综合竞争力和可持续性。绿色经济理论要求在城市规划、建设和治理中，充分考虑资源环境承载能力和生态安全，合理安排生产、生活、生态空间，走内涵式、集约型、绿色化的高质量发展路子，努力创造宜业、宜居、宜乐、宜游的良好环境。②绿色经济理论为城市产业结构、能源结构、运输结构的优化调整提供了路径和方法。绿色经济理论倡导发展循环经济、低碳经济、共享经济等新型经济形态，推动城市产业向绿色、智能、服务化方向转型升级，提高资源利用效率和产品附加值，降低能源的消耗强度和环境的污染强度，增强企业的竞争力和社会责任感。绿色经济理论还鼓励城市发展绿色物流、绿色供应链、绿色贸易等，构建绿色低碳循环发展的流通体系。③绿色经济理论为消费者改变消费观念和行为提供了价值引领和行动倡导。绿色经济理论强调消费者是绿色发展的重要参与者和推动者，要转变传统的消费观念和行为，选择和支持绿色产品和服务，减少对自然资源的过度消耗和对环境的不必要破坏，提高自身的生活质量和幸福感。绿色经济理论还倡导发展绿色金融、绿色保险、绿色评价等，为绿色消费提供更多的支持和保障。④绿色经济理论为全球绿色合作和治理提供了共识基础和平台构建。各国和各地区可以在绿色经济理论的指导下，加强绿色技术的交流和转移，推动绿色产品和服务的贸易和投资，参与绿色基础设施的建设和运营，共同应对气候变化和生物多样性等全球性生态环境问题，实现绿色发展的共赢和共享。

第3章 长江经济带城市群发展现状

3.1 长江经济带战略发展历程

作为中国经济的重要支撑带，也是中国生态文明建设的先行示范带。推动长江经济带发展是党中央、国务院作出的重大战略决策，是习近平总书记亲自谋划、亲自部署、亲自推动的重大国家战略。长江经济带战略的提出和实施，可以分为以下几个阶段：

早期构想阶段（1980年—1992年）。长江经济带的思想萌芽于20世纪80年代，最初是由学术界推动的。陆大道提出了T字型发展战略，即沿海为一个战略轴线，沿江为另一个主轴线形成的T型空间布局。直到今天，建设长江经济带的构想仍被认为是长江区域经济发展的最佳选择。1984年，在参与长江沿线经济和航道重点考察时，孙尚清提出"建设长江产业密集带"的构想。而后，马洪提出了"一线（沿海）一轴（长江）"区域发展战略构想，这一阶段的这些构想还仅仅停留在学术探讨层面。

在政策层面上，20世纪80年代初，即"七五"计划时期，长江经济带被确定为国家经济发展的重要轴线，并从宏观上提出"一线一轴"战略构想，即沿海一线、长江一轴，总体呈T型结构分布。

中期探索阶段（1992年—2012年）。20世纪90年代，长江经济带第一次被纳入国家重大发展战略，并在国家层面提出了"发展长江三角洲及长江沿江地区经济"的战略构想。随后，上海浦东开放开发、三峡工程建设都给长江经济带发展带来了巨大契机。

1992年党的十四大报告提出，"以上海浦东开发为龙头，进一步开放长江沿岸城市，尽快把上海建成国际经济、金融、贸易中心城市之一，带动长江三角洲和整个长江流域地区经济的新飞跃"。1995年党的十四届五中全会再次明确提出，"建设以上海为龙头的长江三角洲及沿江地区经济带"。1996年颁布的《中华人民共和国国民经济和社会发展"九五"计划和2010

年远景目标纲要》强调，长江三角洲及沿江地区要"以浦东开放开发、三峡建设为契机，依托沿江大中城市，逐步形成一条贯穿东西、连接南北的综合经济带"。

2005 年，长江沿线七省二市在交通部牵头下签订了《长江经济带合作协议》。由于省市行政壁垒等因素，长江流域的航道运输和经济发展不断割裂，《长江经济带合作协议》的效果没有得到最大化的发挥。虽然长江沿岸部分城市建立了经济协调会制度，但多"流于形式"，长江流域经济的发展没有形成统一的整体，呈现"高开低走"的局面。

2011 年 6 月 8 日，《全国主体功能区规划》正式发布并明确，长江经济带应成为推进形成主体功能区、着力构建国土空间"三大战略格局"的重要组成部分。这一阶段，发展长江经济带由学术探讨层面上升到政策研究层面，突破行政壁垒成为下一步的实践方向。

全面推动阶段（2012 年至今）。党的十八大以来，长江经济带再次被提高至国家重大发展战略的高度，地域范围扩展为 11 个省市。2013 年，习近平总书记在武汉新港考察时提出"要把全流域打造成黄金水道"；2016 年，习近平总书记在重庆市主持召开的推动长江经济带发展座谈会上强调，"要把修复长江生态环境摆在压倒性位置，共抓大保护、不搞大开发"；2018 年，习近平总书记在湖北省武汉市召开的深入推动长江经济带发展座谈会上强调，要"正确把握生态环境保护和经济发展的关系，推动长江经济带绿色发展"；2020 年，习近平总书记在江苏省南京市召开的全面推动长江经济带发展座谈会上提出，要"使长江经济带成为引领经济高质量发展的主力军"。实现长江经济带高质量发展成为关系国家发展全局的重大战略和行动指南。从此，长江经济带迈入全面发展阶段并取得显著成效。具体如下：

在生态环境保护方面。长江经济带坚持生态优先、绿色发展，把修复长江生态环境摆在压倒性位置，共抓大保护、不搞大开发，实施了一系列生态环境整治和修复措施，有效改善了长江流域的水质、岸线、生物多样性等生态环境状况。①长江流域水质优良断面比例从 2016 年的 82.3%提高到 2020 年的 96.3%，劣 V 类水质比例从 2016 年的 3.5%下降到 2020 年的 0%，首次实现消除劣 V 类水体。②长江岸线整治全面推进，1361 座非法码头彻底整改，两岸绿色生态廊道逐步形成。③长江"十年禁渔"全面实施，生物多样性退化趋势初步得到遏制，江豚等珍稀物种数量增加。

在经济社会发展方面。长江经济带正确把握生态环境保护和经济发展的关系，推动经济社会发展全面绿色转型，实现了经济增长和生态环境改善的双赢。①长江经济带经济总量占全国的比重从 2015 年的 42.3%提高到 2020 年的 46.6%，成为引领经济高质量发展的主力军。②长江经济带新兴产业集群带动作用明显，电子信息、装备制造等产业规模占全国比重均超过 50%。③长江经济带综合运输大通道加速形成，长江干支线高等级航道里程达上万公里，沿江高铁规划建设有序推进，一批枢纽机场项目加快实施。④长江经济带对外开放水平大幅提高，与"一带一路"建设融合程度更高，西部陆海新通道加快形成，货物贸易进出口总额突破 2 万亿美元。

在体制机制创新方面。长江经济带建立了一系列体制机制，为推动长江经济带发展提供了有力保障。①长江保护法于 2020 年 12 月 26 日经十三届全国人大常委会表决通过，并将于 2021 年 3 月 1 日起施行，成为我国首部流域法，长江大保护进入依法保护的新阶段。②建立长江经济带发展负面清单管理体系，加快完善生态补偿、多元化投入、水环境质量监测预警等机制。③推进绿色发展试点示范，上海崇明、湖北武汉、重庆广阳岛、江西九江、湖南岳阳等地结合自身资源和禀赋特点，探索生态优先绿色发展新路子。

然而，长江经济带发展还面临着一些困难和挑战：

长江经济带是一条人口密集带、城镇密集带、产业密集带，是我国城镇化的重要载体和引领者。区域内部差异大、发展不均衡是其重要特征。从 GDP 总量和人均 GDP 来看，长江经济带下游的上海市、江苏省、浙江省等地区的经济规模和水平远远高于中上游的四川省、云南省、贵州省等地区。这种差异反映了长江经济带城市群的发展不均衡，造成了资源、资金、人才等要素的向下游地区的集中流动，加剧了区域间的竞争和矛盾，影响了长江经济带城市群的整体协同效应。

不同地区的经济结构和发展模式存在差异。长江经济带下游地区的经济结构以第三产业为主，发展模式以开放型、创新型为主，具有较强的市场竞争力和国际影响力。而长江经济带中上游地区的经济结构以第二产业为主，发展模式以资源型、重化工型为主，具有较弱的市场竞争力和国际影响力。这种差异反映了长江经济带城市群的发展不协调，造成了不同地区的经济增长质量和效益的差异，影响了长江经济带城市群的整体转型升级。

同时，长江经济带中的城市的空间布局并不合理，呈现出"大城市过热、中小城市不足、城乡结合不够"的特点。长江经济带城市群的空间布局协调欠缺，主要表现为以下几个方面：

城市群中心城市对周边辐射带动不足，次级城市发展相对缓慢，省际协商协作机制不健全，导致区域内部发展不平衡，资源配置效率低下，区域整体竞争力不强。长江经济带城市群的中心城市主要集中在下游地区，如上海、南京、杭州等，这些城市具有较强的经济规模、创新能力、人才吸引力、国际影响力等，但对周边城市的辐射带动作用还不够充分，未能形成有效的城市间分工和协作，导致区域内部的经济差距较大，发展不协调。同时，长江经济带城市群涉及多个省份，跨区域的协商协作机制还不完善，缺乏统一的规划和协调的政策，影响了城市群的一体化发展，降低了区域整体竞争力。

城市群空间结构不合理，城市间功能重复、分工不明，城乡差距较大，城市化水平和质量有待提高。长江经济带城市群的空间结构呈现出多中心网络化的特征，但各中心城市之间的联系还不够紧密，缺乏有效的功能互补和协同发展，导致城市间的竞争和冲突增加，资源的浪费和重复建设现象较为普遍。此外，长江经济带城市群的城乡差距还较为明显，城市化水平和质量还有待提高。一方面，城市群的城市化率虽然高于全国平均水平，但城市化的质量和效率还不高，城市群内部的城市化水平也存在较大的差异，上游地区的城市化水平明显低于下游地区，城市化的不平衡性和不协调性较为突出。另一方面，城市群的城乡一体化发展还不够，城乡之间的基础设施、公共服务、社会保障等方面的差距还较大，城乡居民的收入水平、生活质量、发展机会等方面的差距也还较大，城乡发展的不均衡性和不充分性较为明显。

城市群基础设施互联互通水平不高，交通、能源、水利、信息等基础设施建设存在不足，跨区域联网联通能力有待加强，制约了城市群一体化发展。长江经济带城市群的基础设施建设水平在全国处于较高水平，但与城市群的发展需求和潜力相比，还存在一定的差距和不足。一方面，城市群内部的基础设施互联互通水平还不高，城市间的交通联系还不够便捷，城市群的空间可达性还有待提高，城市群的一体化运行效率还有待提升。另一方面，城市群外部的基础设施联网联通能力还不强，城市群与其他区域的交流合作还不够密切，城市群的开放性和影响力还有待扩大。因此，需要加强城市群的基础设施建设和互联互通，提升城市群的内部联系和外部联系，促进城市群的一体化发展。

3.2　长江经济带城市群生态发展现状

　　长江经济带城市群是我国最重要的生态功能区之一，涵盖了 11 个省市，占全国国土面积的 21%，常住人口的 41%，地区生产总值的 46.3%。长江经济带城市群在全国经济社会发展中具有重要的战略地位和引领作用，也肩负着保护长江生态环境、推动经济社会发展全面绿色转型的重大责任。

　　生态环境质量总体改善，但巩固难度增大。长江经济带实施"共抓大保护、不搞大开发"的总体要求，加强污染物源头管理，推动生态修复，有效改善了水质、空气质量和森林覆盖率等生态环境指标。2020 年，长江流域水质优良（一类）断面比例达到 96.7%，首次全面消除劣类水体。长江经济带环境空气质量指数（AQI）优良率平均达到 90.8%，比全国平均水平高 3.8 个百分点。森林覆盖率达到 43.9%，比全国平均水平高 20.9 个百分点。同时，长江经济带注重提高能源、土地、水等自然资源的利用效率，推动产业结构绿色化。2020 年，长江经济带各省（市）单位 GDP 能耗比 2015 年平均降低 18.2%，降幅高于全国 4.5 个百分点。其中，贵州、上海、江苏、湖南四省（市）能耗强度下降幅度超过 20%。长江经济带也积极发展清洁能源，如新能源、核能、水电等，降低对化石能源的依赖，减少温室气体排放。尽管长江经济带城市群在水污染防治、黑臭水体治理、大气污染防治等方面取得了显著成效，水环境质量和空气质量均有所提升，但仍未达到国家规定的标准，部分区域和季节仍存在较大压力，如长江干流及其重要支流的水质仍有不少劣 V 类断面，部分城市群的 PM2.5 浓度仍超过国家二级标准。生态系统保护修复任务艰巨，生物多样性面临威胁。长江经济带城市群在生态保护修复方面采取了一系列措施，如实施水土保持生态建设、推进长江保护修复攻坚战、开展自然保护地监管等，但仍面临着生态系统退化、生态功能衰退、生态安全风险等问题，如长江经济带城市群的湿地面积和森林覆盖率均低于全国平均水平，长江经济带城市群的水生生物资源严重衰退，部分物种濒临灭绝。

生态文明建设示范效果显著，绿色发展水平有待提高。长江经济带城市群在生态文明建设方面积极探索创新，如实施"三区三线"划定和"三线一单"编制、深化环评"放管服"改革、加强排污许可管理等，取得了一定的成效，如长江经济带城市群有 44 个市、县、区入围第三批国家生态文明建设示范市县名单，占全国 51.8%。但是，长江经济带城市群的绿色发展水平仍存在较大的差距，如长江经济带城市群的绿色生产领域的区域差异最大，绿色生态和绿色生产领域呈现负相关，绿水青山转化为金山银山的潜力依然很大。长江经济带建立了"中央统筹、省负总责、市县抓落实"的管理体制，加强了跨区域的协商合作机制，推动了生态补偿、生态保护、生态修复等方面的制度创新。长江经济带也积极探索生态文明与经济社会发展的协调统一，实施了一系列生态文明示范项目，如长江经济带生态文明建设示范区、长江经济带生态文明建设示范市、长江经济带生态文明建设示范县（区）等，为全国生态文明建设提供了有益经验和借鉴。具体来看：

长江三角洲城市群的森林覆盖率为 38.6%，比全国平均水平高 7.2 个百分点；PM2.5 年均浓度为 33 微克/立方米，比全国平均水平高 3 微克/立方米，但比 2015 年下降了 54.3%；地表水 Ⅰ-Ⅲ类水体比例为 85.1%，比全国平均水平高 0.1 个百分点，且比 2015 年上升了 62.1 个百分点；生物多样性指数为 0.77，与全国平均水平持平，且比 2015 年上升了 0.022。

长江中游城市群的森林覆盖率为 41.8%，比全国平均水平高 10.4 个百分点；PM2.5 年均浓度为 40 微克/立方米，比全国平均水平高 10 微克/立方米，但比 2015 年下降了 46.7%；地表水 Ⅰ—Ⅲ类水体比例为 79.9%，比全国平均水平低 5.1 个百分点，但比 2015 年上升了 51.9 个百分点；生物多样性指数为 0.76，比全国平均水平低 0.01，但比 2015 年上升了 0.012。

成渝城市群的森林覆盖率为 45.1%，比全国平均水平高 13.7 个百分点；PM2.5 年均浓度为 42 微克/立方米，比全国平均水平高 12 微克/立方米，但比 2015 年下降了 44.7%；地表水Ⅰ—Ⅲ类水体比例为 81.4%，比全国平均水平低 3.6 个百分点，但比 2015 年上升了 49.4 个百分点；生物多样性指数为 0.78，比全国平均水平高 0.01，且比 2015 年上升了 0.022。

三大城市群的生态环境质量在过去五年中都有了显著的改善，尤其是在空气质量和水质方面，取得了较大的进步。其中，长江三角洲城市群的生态环境质量总体上优于其他两个城市群，表现出了较高的生态文明建设水平和绿色发展成效。长江中游城市群和成渝城市群的生态环境质量虽然有所提升，但仍然存在一些不足，需要进一步加强生态保护和修复，提高生态文明建设水平和绿色发展成效。

具体来看，长江经济带城市群在水质、空气质量、生物多样性等方面均有所改善。

水质方面，2020 年，长江流域水质优良断面比例为 96.7%，高于全国平均水平 13.3 个百分点，较 2015 年提高 14.9 个百分点，干流首次全线达到Ⅱ类水质。劣Ⅴ类断面比例较 2015 年降低 6.1 个百分点。长江经济带城市群地区水质总体较好，但部分城市仍存在水质不达标的问题。根据《长江经济带绿色发展指数报告（2020）》，2018 年，长江经济带城市群 126 个城市中，有 25 个城市的地表水Ⅰ~Ⅲ类水质比例低于全国平均水平（83.4%），有 10 个城市的地表水劣Ⅴ类水质比例高于全国平均水平（3.1%）。其中，重庆、南充、遵义、黔东南、黔南、黔西南等城市的地表水质较差，需要加强水污染防治和水环境治理。

空气质量方面，2020 年，长江经济带城市群地区空气质量总体改善，但仍有部分城市空气污染较重。根据《长江经济带发展报告（2021~2022）》，2020 年，长江经济带城市群 126 个城市中，有 51 个城市的 PM2.5 年均浓度低于全国平均水平（35 微克/立方米），有 75 个城市的 PM2.5 年均浓度高于全国平均水平。其中，武汉、南京、合肥、南昌、重庆、成都等城市的 PM2.5 年均浓度较高，需要加强大气污染防治和空气质量改善。

生物多样性方面，长江经济带城市群地区生物多样性丰富，但仍面临着生态退化、物种灭绝等威胁。根据《长江经济带发展报告（2021~2022）》，长江经济带城市群地区拥有国家级自然保护区 144 个，占全国的 17.4%，其中，长江中游城市群地区拥有国家级自然保护区 72 个，占全国的 8.7%，是全国自然保护区最密集的地区之一。长江经济带城市群地区也是全国重要的野生动植物资源库，拥有国家一级保护动物 40 种，占全国的 62.5%，拥有国家一级保护植物 36 种，占全国的 32.7%。但由于人类活动的影响，长江经济带城市群地区的生物多样性也遭受了严重损失，部分珍稀物种濒临灭绝，如长江中游城市群地区的长江鲟、白鳍豚等。

从绿色发展水平方面看，长江经济带城市群地区绿色发展水平不断提高，但仍有较大的提升空间，尤其是中西部地区。根据《长江经济带绿色发展指数报告（2020）》，2018 年，长江经济带城市群 126 个城市的绿色发展综合指数平均值为 54.6，较 2017 年提高 0.9，但仍低于全国平均水平（55.6）。从绿色生态、绿色生产、绿色生活三个领域来看，长江经济带城市群地区的绿色生态指数平均值为 57.3，较 2017 年提高 1.2，高于全国平均水平（56.1）；绿色生产指数平均值为 53.3，较 2017 年提高 0.8，低于全国平均水平（54.8）；绿色生活指数平均值为 53.1，较 2017 年提高 0.6，低于全国平均水平（55.8）。从上中下游地区来看，长江经济带城市群地区的绿色发展水平呈现出阶梯式的差距，东部地区（沪苏浙皖）在绿色发展水平方面仍然遥遥领先，与中游和上游地区形成阶梯式的断层，中游和上游地区在绿色发展水平方面还有较大的提升空间。其中，东部地区在绿色生产领域优势明显，中部和西部地区分别在绿色生活和绿色生态领域占据优势。

3.3　长江经济带城市群经济发展现状

从长江经济带的角度来看，长江经济带覆盖我国 11 省市，横跨东中西三大板块，占据了全国近一半的人口、GDP 和进出口总额，是我国重要的经济中心，在我国经济高质量发展中具有重要的引擎作用。具体而言：

经济规模持续扩大，增长质量稳步提升。2022 年长江经济带地区 GDP 达到 56 万亿元，占全国 GDP 的 46.3%，比上年增长 3.0%。长江经济带地区人均 GDP 为 93239 元，高于全国平均水平 7541 元。长江经济带地区经济增速虽受新冠疫情影响有所放缓，但仍高于全国平均水平，显示出经济韧性和活力。长江经济带地区经济结构持续优化，服务业、工业、战略性新兴产业发展各有千秋，创新驱动力稳步提升，新旧动能加快转换。

区域协调发展水平不断提高，差距逐步缩小。长江经济带地区包括三大城市群：长江下游的长三角城市群（沪苏浙皖）、长江中游的赣鄂湘城市群、长江上游的云贵川渝城市群。这三大城市群的经济总量占长江经济带地区的比重分别为 51.9%、24.0% 和 24.1%，相对于 2018 年的 52.3%、23.9% 和 23.8%，均有所变化，表明区域内升级差距缩小，协调发展水平提高。特别是长江上游地区，受益于脱贫攻坚和西部大开发的政策支持，经济增长速度快于全国平均水平，经济规模占比有所提升。

对外开放程度不断提升，国际竞争力不断增强。长江经济带地区是我国重要的对外开放窗口，拥有多个国家级开放平台，如上海自贸试验区、上海自贸港、重庆两江新区、武汉东湖高新区等。长江经济带地区进出口总额占全国的近一半，是我国国际贸易的主要贡献者。长江经济带地区还积极参与"一带一路"建设，与沿线国家和地区开展多层次、多领域的合作，推动共建开放、包容、平衡、共赢的新型国际经济秩序。长江经济带地区的对外开放程度和国际竞争力不断提升，为我国经济高质量发展提供了有力支撑。

而长江经济带城市群是我国区域发展战略格局中的重要功能区，是支撑和引领长江经济带高质量和一体化发展的重要引擎。根据国家发展改革委的规划，长江经济带城市群主要包括三大国家级城市群，即长江三角洲城市群、长江中游城市群和成渝城市群，涵盖长江经济带 9 个省市 74 个地级及以上城市，占全国土地面积的 7.4%，人口的 28.4%，经济总量的 36.6%。

2019 年，三大城市群共实现地区生产总值约 36.3 万亿元，同比增长 7.4%，高于全国（6.1%）和长江经济带（7.2%）的平均水平。其中，长三角城市群以占全国约 2.3% 的土地面积，创造了全国约 20.6% 的经济总量，集聚了全国约 11.8% 的常住人口；长江中游城市群以占全国约 3.6% 的土地面积，产出了全国约 9.5% 的经济总量，集聚了全国约 9.4% 的常住人口；成渝城市群以占全国约 2.5% 的土地面积，产出了全国约 6.6% 的经济总量，集聚了全国约 7.2% 的常住人口。从人均 GDP 来看，2019 年，三大城市群的人均 GDP 均高于全国平均水平，但存在较大的差距。长三角城市群的人均 GDP 为 13.4 万元，位居全国第一，是全国平均水平的 1.9 倍，也高于长江经济带的平均水平（9.8 万元）；成渝城市群的人均 GDP 为 8.2 万元，略高于长江经济带的平均水平，是全国平均水平的 1.2 倍；长江中游城市群的人均 GDP 为 7.5 万元，仅高于全国平均水平的 5.6%，低于长江经济带的平均水平。从人均 GDP 的增速来看，2019 年，三大城市群的人均 GDP 增速均低于全国平均水平（6.0%），其中，长三角城市群的人均 GDP 增速为 5.9%，成渝城市群的人均 GDP 增速为 5.6%，长江中游城市群的人均 GDP 增速为 5.4%。具体可以从以下几个方面展开：

从经济增速上看，2019 年，受国内外宏观环境的复杂影响，三大城市群的经济增速均有不同程度的下降，但总体保持在中高速增长区间，高于全国和长江经济带的平均水平。具体来看，长江三角洲城市群 27 市的地区生产总值平均增长 6.8%，较上年下降 0.2 个百分点，较 2015 年下降 1.9 个百分点；长江中游城市群 31 市的地区生产总值平均增长 7.8%，较上年下降 0.4 个百分点，较 2015 年下降 1 个百分点；成渝城市群 16 市的地区生产总值平均增长 7.7%，较上年下降 0.6 个百分点，较 2015 年下降 1.3 个百分点[2]。从区域差异来看，三大城市群的经济增速呈现出"西快东慢"的格局，成渝城市群和长江中游城市群的经济增速相近，均高于长江三角洲城市群，且差距逐年扩大。这与三大城市群的发展阶段和基础有关，长江三角洲城市群作为我国最发达的城市群，经济增速的下降是正常的结构性调整，而成渝城市群和长江中游城市群则处于快速发展期，经济增速的保持是后发赶超的必然结果。

从经济总量看，2019 年，三大城市群的经济总量均有较大幅度的增长，规模优势进一步凸显。具体来看，长江三角洲城市群的地区生产总值突破 20 万亿元，达到 20.4 万亿元，占全国的 20.6%，占长江经济带的 56.4%；长江中游城市群的地区生产总值达到 9.38 万亿元，占全国的 9.5%，占长江经济带的 25.9%；成渝城市群的地区生产总值达到 6.51 万亿元，占全国的 6.6%，占长江经济带的 18%[2]。从区域差异来看，三大城市群的经济规模呈现出"东大西小"的梯度递减的分布格局，长江三角洲城市群的经济总量超过两大城市群的总和，长江中游城市群的经济总量是成渝城市群的 1.4 倍多。这与三大城市群的区域面积、人口规模、资源禀赋、发展历史等因素有关，长江三角洲城市群作为我国最早开放的城市群，经济规模的领先是长期积累的结果，而成渝城市群和长江中游城市群则有较大的发展潜力，经济规模的提升是近年来发展的成果。在三大城市群所涉 74 市中，地区生产总值 1 万亿元以上的市有 10 个，其中 6 个位于长江三角洲城市群，2 个位于长江中游城市群，2 个位于成渝城市群；0.5-1 万亿元的市有 11 个，其中 10 个位于长江三角洲城市群，1 个位于长江中游城市群，经济大致呈现"东多西少"的地区分布特征。

从经济结构和质量看，2019 年，三大城市群的经济结构持续优化，经济质量稳步提升。具体来看，三大城市群的第三产业占比均超过 50%，其中长江三角洲城市群为 60.8%，成渝城市群为 53.7%，长江中游城市群为 51.4%，均高于全国的 53.9%；三大城市群的工业结构也不断升级，高技术产业增加值占比均超过 10%，其中长江三角洲城市群为 16.4%，成渝城市群为 11.3%，长江中游城市群为 10.4%，均高于全国的 9.4%；三大城市群的创新能力也不断增强，研发经费支出占比均超过 2%，其中长江三角洲城市群为 3.2%，成渝城市群为 2.4%，长江中游城市群为 2.1%，均高于全国的 2.2%2。从区域差异来看，三大城市群的经济结构和质量呈现出"东高西低"的格局，长江三角洲城市群在服务业占比、高技术产业占比、研发经费支出占比等指标上均居于领先地位，成渝城市群和长江中游城市群则相对落后，但差距逐渐缩小。这与三大城市群的发展水平和转型进程有关，长江三角洲城市群作为我国最先进的城市群，经济结构的优化和质量的提升是高质量发展的必然要求，而成渝城市群和长江中游城市群则处于经济转型升级的关键时期，经济结构的调整和质量的改善是发展的迫切需要。在产业结构上，长江经济带城市群的产业结构不断优化。2019 年，三大城市群的第三产业增加值占地区生产总值的比重均高于全国平均水平（53.9%），其中，长三角城市群的第三产业占比为 59.8%，成渝城市群的第三产业占比为 54.4%，长江中游城市群的第三产业占比为 53.9%2。从第三产业的细分领域来看，三大城市群的金融业、信息传输、软件和信息技术服务业、科学研究和技术服务业等现代服务业发展较快，对第三产业的拉动作用较大。2019 年，三大城市群的金融业增加值占第三产业增加值的比重分别为 11.7%、9.6% 和 9.4%，高于全国平均水平（8.9%）；信息传输、软件和信息技术服务业增加值占第三产业增加值的比重分别为 8.1%、5.2% 和 5.1%，高于全国平均水平（4.7%）；科学研究和技术服务业增加值占第三产业增加值的比重分别为 5.3%、3.5% 和 3.1%，高于全国平均水平（2.9%）。三大城市群的工业发展水平不一，但都以先进制造业为主导，高科技产业为引领。2019 年，三大城市群的第二产业增加值占地区生产总值的比重均低于全国平均水平（39.8%），其中，长三角城市群的第二产业占比为 36.8%，成渝城市群的第二产业占比为 38.9%，长江中游城市群的第二产业占比为 40.6%。从工业细分领域来看，三大城市群的装备制造业、汽车制造业、电子信息、航空航天等优势产业集群基本形成，高科技制造业的发展速度和规模均高于全国平均水平。2019 年，三大城市群的高科技制造业增加值占规模以上工业增加值的比重分别为 19.6%、10.4%和 9.4%，高于全国平均水平（14.4%）；高科技制造业增加值的增速分别为 9.8%、9.7%和 8.9%，高于全国平均水平（8.8%）。

从创新能力看，长江经济带城市群拥有丰富的科技创新资源，集聚了 2 个综合性国家科学中心、9 个国家级自主创新示范区、90 个国家级高新区、161 个国家重点实验室、667 个企业技术中心，占据了全国的"半壁江山"[①]。长江经济带城市群在全国创新型城市创新能力排名中，占据了前 10 名中的 6 位，分别是杭州、南京、武汉、苏州、长沙、成都。长江经济带高等院校、专任教师、高校在校学生占全国的比重均超过了 40%。长江经济带城市群的科技创新驱动力指数报告显示，以上海、南京、武汉、苏州、杭州等城市为长江经济带科技创新核心驱动力的格局趋于稳定，成都、重庆、南昌、贵阳等中西部中心城市的排名有所提升。数据表明，2021 年长江经济带城市群的科技创新驱动力综合指数为 0.473，高于全国平均水平 0.372，其中科技创新投入、科技创新载体、科技创新产出、科技创新绩效四个专项指数分别为 0.398、0.506、0.496、0.494，均高于全国平均水平。长江经济带城市群的科技创新驱动力排名前十的城市分别是上海、南京、杭州、武汉、苏州、合肥、无锡、宁波、南昌、长沙，这些城市在科技创新方面具有较强的综合实力和领先优势。同时，长江中游城市群创新资源较为丰富，拥有一批国家级创新平台和重点实验室，集聚了一大批高水平的高校和科研机构，形成了一些具有国际竞争力的产业创新集群。要发挥科技创新的引领作用，强化改革的先导和突破作用，破除制约一体化发展的体制机制障碍，推动高水平开放，为高质量发展持续提供动力和活力。在经费支出上，2019 年长江经济带城市群的研发经费支出总额为 1.8 万亿元，占全国的 54.6%，其中企业研发经费支出占比为 75.4%，高于全国平均

---

①王守文，赵敏，徐丽洁. 长江经济带发展战略对区域科学竞争力的提升效应——基于双重差分法的实证研究[J]. 科技进步与对策，2022，39（23）：55-64.

- 66 -

水平。长江经济带城市群的研发人员总数为 457.5 万人，占全国的 51.3%，其中企业研发人员占比为 63.9%，高于全国平均水平。长江经济带城市群的研发经费强度（研发经费支出占地区生产总值的比重）为 2.7%，高于全国平均水平 2.2%，其中上海、南京、杭州、合肥、武汉等城市的研发经费强度超过 3%。

从开放水平这一维度深入观察，长江经济带城市群无疑是我国对外开放战略中的一颗璀璨明珠。这里汇聚了上海、重庆、武汉等具有国际影响力的大都市，它们以卓越的经济发展成果和前瞻性的城市规划赢得了世界的瞩目。同时，苏州、宁波、南通等国家级开放型经济示范区也坐落于此，这些地区在对外贸易、投资合作、科技创新等方面都发挥着举足轻重的作用，共同构筑了多层次、多领域、多渠道的开放格局。长江经济带城市群在对外贸易方面的表现尤为突出，其对外贸易额占据了全国总量的近四分之一，这一数字不仅体现了该地区经济的活跃度和外向度，也彰显了其在我国对外开放战略中的重要地位。与此同时，该地区与东盟等共建"一带一路"国家和地区的经贸合作也日益密切，通过深化合作、拓展市场，共同推动了区域经济的繁荣发展。

根据最新的开放水平指数报告，长江下游的长三角地区（包括上海、江苏、浙江、安徽）在开放水平方面仍然保持着领先地位，其高度开放的经济体系、完善的产业链供应链以及优越的地理位置，使得该地区在全球经济舞台上扮演着重要角色。相比之下，中游和上游地区在开放水平方面还有较大的提升空间，但这也意味着它们具有巨大的发展潜力和后发优势。通过加强区域合作、优化营商环境、推动创新驱动发展等措施，相信这些地区在未来一定能够实现更加全面、深入的开放发展。

3.4　长江经济带城市群社会发展现状

人口是社会发展的基础和动力，也是衡量一个地区社会发展水平的重要指标。根据国家统计局的数据，2019 年，长江经济带城市群的常住人口总量约为 6.02 亿人，占全国人口的 43%，较 2010 年增加了 2900 万人，年均增长率为 0.56%。其中，四川省常住人口最多，达到 8375 万人，接下来依次为江苏省、湖南省、安徽省。长江经济带城市群的人口密度为 845 人/平方公里，高于全国平均水平（153 人/平方公里），呈现出东高西低的空间分布特征。上海市的人口密度最高，为 3810 人/平方公里，是最低的云南省的 22 倍。长江经济带城市群的人口自然增长率为 4.8‰，低于全国平均水平（5.3‰），也呈现出西高东低的空间分布特征。贵州省的人口自然增长率最高，为 10.8‰，是最低的上海市的 4.5 倍。长江经济带城市群的人口城镇化率为 61.7%，高于全国平均水平（60.6%），呈现出东高西低的空间分布特征。上海市的人口城镇化率最高，为 88.1%，是最低的云南省的 1.8 倍。

从人口发展的空间格局看，根据国务院批复的《成渝城市群发展规划》、《长江中游城市群发展规划》和《长江三角洲城市群发展规划》，三大城市群的规划范围共涉及长江经济带 9 个省市 74 个地级及以上城市，国土总面积约 71.4 万平方公里，2019 年地区生产总值约 36.3 万亿元，总人口约 3.6 亿人，分别约占全国的 7.4%、32.8%、26.5%。

长江经济带城市群的人口自然增长率呈现出西高东低的基本态势，2019 年最高的贵州省为 9.3‰，最低的上海市为 2.1‰，这与人口规模呈明显的负相关。同时，长江经济带城市群的人口老龄化程度不断加深，2019 年 60 岁及以上人口占总人口的比重为 18.2%，高于全国平均水平（18.1%）。其中，上海市的老龄化比重高达 34.3%，位居全国第一，江苏、浙江、重庆等省市的老龄化比重也超过 20%，说明下游和中上游地区的人口老龄化问题较为突出。

具体而言。三大城市群的人口发展特点如下：

长三角城市群：涵盖上海市、江苏省、浙江省和安徽省的 26 个地级及以上城市，总人口约 1.6 亿人，人口密度为 1430 人/平方公里，人口自然增长率为 2.1‰，人口城镇化率为 73.4%。长三角城市群是长江经济带城市群中人口规模最大、人口密度最高、人口城镇化率最高的城市群，具有较强的人口集聚效应和城市化水平，但面临着人口老龄化、人口增长乏力、人口结构失衡等问题。

长江中游城市群：涵盖湖北省、湖南省和江西省的 31 个地级及以上城市，总人口约 1.5 亿人，人口密度为 494 人/平方公里，人口自然增长率为 6.3‰，人口城镇化率为 59.8%。长江中游城市群是长江经济带城市群中人口规模居中、人口密度适中、人口城镇化率适中的城市群，具有较好的人口发展潜力和城市化空间，存在人口流失、人口素质不高、人口分布不均等问题。

成渝城市群：涵盖四川省和重庆市的 17 个地级及以上城市，总人口约 0.5 亿人，人口密度为 270 人/平方公里，人口自然增长率为 7.9‰，人口城镇化率为 54.8%。成渝城市群是长江经济带城市群中人口规模最小、人口密度最低、人口城镇化率最低的城市群，具有较高的人口增长率和城市化增长率，面临着人口分布不合理、人口扶贫难度大、人口压力大等问题。

城市化水平不断提高，但区域差异明显。根据 2019 年的数据，长江经济带城市群的平均城镇化率为 61.7%，高于全国平均水平（60.6%）。其中，长三角城市群的城镇化率最高，达到 73.4%，江苏、浙江和上海三省市的城镇化率均超过 70%，上海市更是高达 88.1%。而成渝地区双城经济圈的城镇化率为 55.8%，低于全国平均水平，云南和贵州两省的城镇化率更是不足 50%，说明上游地区的城市化进程还有较大的潜力和空间。

教育医疗水平不断提升，但区域均衡性有待加强。长江经济带城市群的教育医疗资源丰富，科技文化事业发展水平较高，但在区域分布上存在一定的不平衡。2019 年，长江经济带城市群的平均每万人拥有卫生技术人员数为 31.8 人，高于全国平均水平（28.5 人）。其中，上海市的卫生技术人员数最多，为 54.9 人，而云南省最少，仅为 19.5 人。同样，长江经济带城市群的平均每万人拥有教师数为 40.9 人，高于全国平均水平（36.8 人）。其中，上海市的教师数最多，为 64.3 人，而贵州省最少，仅为 28.9 人。此外，在教育方面，长江经济带城市群拥有一批高水平的高等教育和科研机构，如清华大学、北京大学、复旦大学、浙江大学、武汉大学、四川大学等，为培养高素质人才和推动科技创新提供了强大的支撑。2019 年，长江经济带城市群的高等教育毛入学率达到 51.5%，高于全国平均水平的 48.1%5。同时，长江经济带城市群也加大了对义务教育、职业教育、继续教育等各级各类教育的投入和保障，不断提高教育普及率和质量，缩小城乡和区域之间的教育差距，促进教育公平和发展。

就业养老水平稳步提高，但社会保障体系有待完善。长江经济带城市群的就业形势总体稳定，2019 年城镇登记失业率为 3.6%，低于全国平均水平（3.8%）。其中，上海市的城镇登记失业率最低，为 2.9%，而云南省最高，为 4.5%。长江经济带城市群的养老保障水平也不断提高，2019 年城乡居民基本养老保险参保人数达到 4.3 亿，占总人口的 71.7%，高于全国平均水平（69.8%）。其中，上海市的参保率最高，为 94.8%，而贵州省最低，为 56.5%。然而，长江经济带城市群的社会保障体系还存在一些问题，如参保缴费标准和待遇水平的差异、社会保障基金的可持续性、社会保障制度的覆盖面和公平性等。2019 年，长江经济带城市群的社会保障基金收入和支出分别为 4.8 万亿元和 4.3 万亿元，分别占全国的 46.5% 和 45.6%。长江经济带城市群的养老保险、医疗保险、失业保险、工伤保险、生育保险等各项社会保险的参保人数和待遇水平均高于全国平均水平，有效保障了各类人员的社会保障权益。同时，长江经济带城市群也加大了对低保、特困人员、困难群众等的救助力度，建立了覆盖城乡的社会救助体系，提高了社会救助的标准和水平，保障了社会最低生活水平。因此，长江经济带城市群在公共服务的投入、设施、人员、质量等方面都取得了显著的进步，为公众提供了更加丰富、便捷、优质的公共服务。

在文化领域，长江经济带城市群所做出的贡献不可小觑。它们不仅极大地丰富了文化产品和服务的供给，还显著提升了文化服务的整体质量和水平，从而成功满足了广大民众日益增长的多样化文化需求。这片富饶的土地上，星罗棋布地散布着众多历史悠久、文化底蕴深厚的名城古镇。南京，这座六朝古都，见证了中华文明的起起伏伏；杭州，则以西湖的美景和宋城的古韵吸引了无数文人墨客；苏州的园林、成都的悠闲、重庆的火锅与山城特色，都让人流连忘返。更为难能可贵的是，这里还珍藏着一批具有鲜明地域特色和深厚民族风情的非物质文化遗产。苏绣的细腻、湘绣的艳丽、川剧的变脸、黄梅戏的悠扬，都无不展示了中华文化的博大精深和五彩斑斓。为了满足民众日益增长的文化需求，长江经济带城市群在文化设施的建设和改造上也下足了功夫。博物馆、图书馆、剧院、电影院等公共文化设施如雨后春笋般涌现，为民众提供了更加便捷、优质的文化服务。同时，这些城市群还积极推动文化创新和发展，努力培育具有国际影响力的文化品牌和文化企业。上海国际电影节已成为全球电影人的盛会，武汉音乐节则让世界各地的音乐爱好者汇聚一堂。而阿里巴巴、腾讯、字节跳动等科技巨头的崛起，更是为文化产业注入了新的活力，为公众提供了前所未有的丰富、多样的文化产品和服务。

第4章 长江经济带生态高质量发展评价

4.1 长江经济带生态水平评价体系

4.1.1 生态资源

自然资源是长江经济带生态环境的基础组成部分。其中，水资源作为生命的基本需求，也是维持生态平衡的重要因素之一。长江经济带拥有丰富的水资源，包括河流、湖泊和地下水等，这些水资源不仅满足了植物、动物和人类的生存需求，也通过参与水循环过程调节气候和维持水文循环的平衡。因此，水资源在维持生态平衡、支持生物多样性和人类社会的可持续发展方面起着重要作用。森林资源在大气调节和气候调控方面扮演着重要角色。长江经济带拥有较多森林覆盖面积，森林通过吸收二氧化碳并释放氧气，缓解温室效应和全球气候变暖的问题；此外，森林树木通过根系吸收土壤中的水分，经过蒸腾作用将水分释放到大气中，有助于调节地区的湿度和降水模式。因此，长江经济带的森林资源对于维护生态平衡和气候稳定具有重要意义。土地资源是农业和植物生长的基础。在长江经济带中，湿地具有多种重要功能，湿地保持工作至关重要，湿地的植物群落和根系结构可以保持土壤的肥力和结构，减少土壤质量的丧失，为植物提供养分和水分；此外，湿地有较高的水分储存能力，能够吸收和存储降水，并逐渐释放到周围环境，有助于调节水文循环，减少洪水的峰值流量，延缓洪峰的到来，减少洪灾的发生概率。因此，对维护生态平衡和促进气候稳定起着重要作用。基于以上分析，本文选取以下自然资源指标评价长江经济带生态水平：水资源总量、森林覆盖率、活立木蓄积量和湿地面积。这些指标能够反映该地区的水资源丰富程度、森林覆盖情况以及湿地的保护状况，并为生态环境管理和可持续发展提供重要参考。

4.1.2 生态压力

随着长江经济带工业化发展的推进，工业化的高度和规模导致了严重的环境问题。大量工业排放物和废弃物对空气、水和土壤造成污染，给环境和人民的健康带来了巨大压力。水体污染、空气质量下降和土地退化等问题日益突出，对居民的生活质量产生了负面影响。其中，水体污染主要来自农业和工业活动的废水排放，废水中的总氮、总磷和需氧量等物质会导致水体富营养化、水质恶化。大气污染主要由工业排放和交通尾气引起，废气中的二氧化硫、氮氧化物和颗粒物等物质会导致空气质量恶化。土壤污染主要由化学物质、农药和工业废弃物引起，工业固体废物的产生和不当处理会导致土地退化和土壤质量下降。基于以上分析，本文选取以下环境污染指标评价长江经济带生态水平：废水中总氮排放量、总磷排放量、需氧量排放量和氨氮化物排放量；废气中二氧化硫排放量、氮氧化物排放量、颗粒物排放量和烟尘排放量，以及工业固体废物的产生量。这些指标能够反映出工业、农业和社会活动对环境的影响程度，有助于制定相应的环境保护和治理措施，减少生态压力，实现可持续发展。

4.1.3 生态保护

为了应对日益恶化的环境问题，长江经济带各省市积极采取行动保护和维护自然环境，以确保生态系统的健康和可持续发展。常见的环境保护措施和方法包括：

（1）减少污染：控制和减少空气、水和土壤的污染源，包括工业排放、交通尾气、农业化学品等。采用清洁生产技术和环保设备，推动排放标准的制定和执行。

（2）节约能源和资源：提高能源利用效率，采用可再生能源，减少对有限资源的依赖。鼓励节能行为，推广循环经济和资源回收利用。

（3）促进可持续的土地利用：保护自然生态系统，包括森林、湿地和草原等，避免过度开发和破坏土地。推动可持续农业实践，减少农药和化肥的使用，保护土壤质量。

（4）保护生物多样性：保护和恢复各种生物栖息地，限制非法野生动物贸易，控制入侵物种。推动可持续渔业和森林管理，保护濒危物种和生态系统。

（5）加强环境监测和治理：建立健全的环境监测体系，及时掌握环境变化和污染情况。加强环境执法和监管，惩罚环境违法行为，确保环境法规的执行。基于以上分析，如表4-1，本文选取以下生态保护指标评价长江经济带生态水平：工业固体废物处理率、生活垃圾无害化处理能力、造林总面积、有害生物防治率、城镇环境基础建设投资。这些指标能够反映出工业废物处理和生活垃圾处理的效率，森林保护和恢复的程度，有害生物控制的效果以及城镇环境建设的投入水平，为生态保护和可持续发展提供重要参考。

表4-1 长江经济带生态水平评价指标体系

标准层	要素层	指标层	属性
生态资源	水资源	水资源总量	正向
	森林资源	森林覆盖率	正向
		活立木蓄积量	正向
	土地资源	湿地面积	正向
生态压力	水体污染	废水中总氮排放量	负向
		废水中总磷排放量	负向
		废水中需氧量排放量	负向
		废水中氨氮化物排放量	负向
	大气污染	废气中二氧化硫排放量	负向
		废气中氮氧化物排放量	负向
		废气中颗粒物排放量	负向
		废气中烟尘排放量	负向
	土壤污染	工业固体废物产生量	负向
生态保护	污染物处理	工业固体废物处理率	正向
		生活垃圾无害化处理能力	正向
	造林	造林总面积	正向
	有害生物防治	有害生物防治率	正向
	财政投资	城镇环境基础建设投资	正向

4.2　研究范畴

　　城市群作为推进新型城镇化的主体形态，是未来区域发展的核心空间，已成为当今世界城市发展的主流和趋势。长三角城市群、长江中游城市群和川渝城市群作为长江经济带的核心城市群，发挥着辐射作用，推动周边地区的经济发展，并形成了长江经济带的三个主要增长极。本文研究的三大城市群及其所辖城市如表 4-2 所示。

表 4-2　长江经济带主要城市群

城市群	所辖城市
长三角城市群	上海、南京、无锡、常州、苏州、南通、盐城、扬州、镇江、泰州、杭州、宁波、嘉兴、湖州、绍兴、金华、舟山、台州、合肥、芜湖、马鞍山、铜陵、安庆、滁州、池州、宣称
长江中游城市群	武汉、黄石、鄂州、黄冈、孝感、咸宁、襄阳、宜昌、荆州、荆门、长沙、株洲、湘潭、岳阳、益阳、常德、衡阳、娄底、南昌、九江、景德镇、鹰潭、新余、宜春、萍乡、上饶
川渝城市群	重庆、成都、自贡、泸州、德阳、绵阳、遂宁、内江、乐山、南充、眉山、宜宾、广安、达州、雅安、资阳

4.3　数据来源和测度方法

　　本文使用的数据主要来源于《中国统计年鉴》、《中国城市统计年鉴》、各省统计年鉴、各城市统计年鉴等。本文基于信息熵理论，通过计算指标信息熵值确定权重，从而实现对指标的量化评估和排序。然后采用 TOPSIS 方法求解各测度指标与理想点相对距离并对其进行量化排序，最后采用障碍度模型分析影响城市生态化水平的障碍因子[①]。

---

① 王莹，王慧敏.基于熵权 TOPSIS 模型的城市建设用地供应绩效评价及障碍度诊断——以西安市为例[J]. 中国农业资源与区划，2018，39（05）：110-119.

4.4 城市群生态水平综合评价

图 4-1 为长江经济带三大城市群生态综合评价指数的演变趋势。考察期内长江经济带三大城市群的生态综合指数均值为 0.334。其中，川渝城市群的生态综合水平最高，年均值为 0.384；其次是长江中游城市群，年均值为 0.347；生态综合水平最低的是长三角城市群，年均值为 0.271。由此可见，三大城市群的生态综合水平存在显著差异，呈现出梯度分布的态势。此外，从整体上看，三大城市群的生态综合指数在波动过程中呈现上升趋势。其中，川渝城市群的上升幅度最大，从 2010 年的 0.342 上升到 2021 年的 0.419，涨幅达到 22.7%。长三角城市群的上升幅度次之，从 2010 年的 0.249 上升到 2021 年的 0.298，涨幅达到 19.6%。长江中游城市群的上升幅度最小，从 2010 年的 0.317 上升到 2021 年的 0.369，涨幅达到 16.4%。这些数据表明，长江经济带三大城市群的生态综合水平逐渐提升，表明各城市群在生态保护和可持续发展方面采取了一系列的措施和行动。

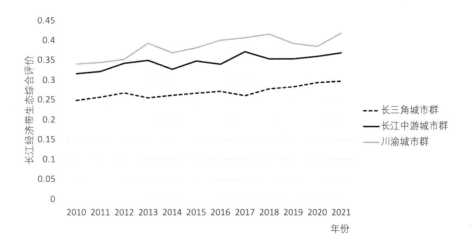

图 4-1 2010—2021 长江经济带三大城市群生态综合评价

4.3 城市群生态资源评价

图 4-2 为长江经济带三大城市群主要年份的生态资源评价指数。考察期内长江经济带三大城市群的生态资源指数均值为 0.304。其中，川渝城市群的生态资源水平最高，年均值为 0.434；其次是长江中游城市群，年均值为 0.321；生态资源水平最低的是长三角城市群，年均值为 0.158。由此可见，三大城市群的生态资源水平存在显著差异。此外，从整体上看，三大城市群的生态资源指数在波动过程中呈现上升趋势。其中，长江中游城市群的上升幅度最大，从 2010 年的 0.260 上升到 2021 年的 0.357，涨幅达到 37.4%。川渝城市群的上升幅度次之，从 2010 年的 0.401 上升到 2021 年的 0.453，涨幅达到 13.0%。长三角城市群的上升幅度最小，从 2010 年的 0.168 上升到 2021 年的 0.182，涨幅达到 8.3%。这些数据表明，长江经济带三大城市群的生态资源水平总体上有所提升，特别是长江中游城市群取得了显著的进展。然而，长三角城市群的生态资源水平仍然相对较低，需要加大力度保护和恢复生态资源，以实现可持续发展目标。川渝城市群虽然生态资源水平较高，但仍需保持警惕，防止生态资源的过度开发和破坏。

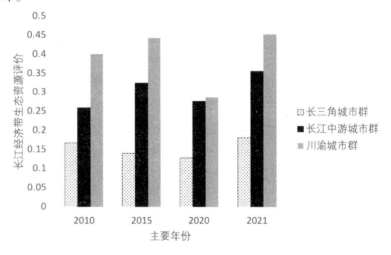

图 4-2 主要年份长江经济带三大城市群生态资源评价

　　图 4-3 为长江经济带各地区平均生态资源水平的空间分布。从图中可以看出，就生态资源而言，中上游城市的水平高于下游城市，沿江城市的水平高于非沿江城市，中心城市、副中心城市和直辖市的水平高于其他地级城市，并且排名相对稳定。在生态资源水平排序前 20 的城市中，中心城市和直辖市占比 45%，上游城市占比 40%，沿江城市占比 65%。这说明生态资源水平较高的城市主要分布在中上游地区、沿江地区以及中心城市和直辖市。生态资源的水平与气候条件、地形和土壤等许多因素密切相关。不同地区的气候和地貌条件可能会对生态资源的形成和分布产生影响。例如，中上游地区的山脉和丰富的水资源可能有助于保护和维护较高的生态资源水平。沿江地区由于长江的流域特点，可能拥有更多的湿地和湿润的气候条件，有利于生态资源的形成和保护。综上所述，图 4-3 展示了长江经济带各地区平均生态资源水平的空间分布特点，显示出中上游城市、沿江城市以及中心城市、副中心城市和直辖市的生态资源水平较高的趋势。这种分布可能与气候条件、地形和土壤等因素密切相关。

平均生态资源水平
0.4-0.6
0.2-0.4
0-0.2

图 4-3　长江经济带各地区平均生态资源水平空间分布

　　综上所述，长江经济带的生态资源总体上是丰富的，尽管其水平在波动过程中整体呈上升趋势，但涨幅不大，表明长江经济带的生态资源保持了基本的可持续性。然而，生态资源在不同区域存在明显差异。比如，位于长江上游的川渝城市群拥有较为丰富的生态资源，尤其是森林资源和土地资源在该地区的整体发展中发挥着重要作用。这一地区丰富的森林资源和土地资源为当地经济发展和生态环境提供了有力支持。位于长江中游的长江中游城市群在生态资源方面同样具备充足的优势，特别是水资源在该地区的经济发展和人民生活中扮演着重要的角色。长江中游地区的水资源丰富，为农业、工业和人民生活提供了稳定的水源，促进了该地区的可持续发展。然而，位于长江下游的长三角城市群的生态资源相对较为有限，这一地区的生态资源受到城市化和工业化进程的影响较大，生态环境面临一定的压力，生态保护和可持续发展面临一些挑战，需要采取有效的措施来平衡经济发展和生态保护之间的关系。

4.3.1 水资源

从水资源来看，长江是中国最长的河流，为长江经济带的发展提供了丰富的水资源，长江及其支流不仅为人们的日常生活和农业提供了丰富的用水资源，还为工业生产和能源供应提供了重要的支持。

在城市群层面，长江中游城市群拥有水资源 4397 亿立方米，占长江经济带水资源的比重为 40.5%，在长江经济带三大城市群中占比最高。其中，江西、湖北和湖南的水资源总量分别为 1419 亿立方米、1188 亿立方米和 1790 亿立方米，占长江经济带水资源的比重分别为 13.1%、11% 和 16.5%。可以看出，水资源在长江中游城市群比较均匀分布。川渝城市群位于长江经济带的西部地区，拥有 3674 亿立方米的水资源，占长江经济带水资源的比重为 33.9%，在长江经济带三大城市群中排名第二。其中四川拥有 2924 亿立方米的水资源，占长江经济带水资源的比重为 26.95%，是长江经济带水资源最丰富的省份。长三角城市群位于长江经济带的东部地区，拥有 2780 亿立方米的水资源，占长江经济带水资源的比重为 25.6%，在长江经济带三大城市群中占比最低。其中江苏拥有 500 亿立方米的水资源，占长江经济带水资源的比重仅为 4.6%，是长江经济带水资源最匮乏的省份。

综上所述，长江经济带水资源在城市群之间存在差异。长江中游城市群拥有最多的水资源，川渝城市群紧随其后，而长三角城市群的水资源相对较少。这种差异性可能对各城市群的经济发展和生态环境产生影响。

4.3.2 森林资源

从森林资源来看，长江经济带地区拥有广泛的森林覆盖，包括天然林、人工林和植被覆盖较好的山地地区。这些森林覆盖为当地提供了重要的生态系统服务，包括土壤保持、水文调节和生物多样性维护等。据 2021 年的数据，长江经济带的森林覆盖率约为 44.4%，比全国平均水平高出 21.4 个百分点。在森林资源中，活立木是最重要的组成部分。活立木在环境保护、生物多样性维护和可持续林业管理中起着重要作用。一方面，活立木为动植物提供栖息地和食物来源，支持动植物的生存和繁衍；另一方面，活立木有助于保持土壤的稳定性，防止水土流失和土地侵蚀；此外，活立木还能吸收二氧化碳并释放氧气，对调节气候和改善空气质量起着重要作用。据 2021 年的数据，长江经济带的活立木蓄积量为 43.3 亿立方米，占全国总量的 22.8%，表明长江经济带的森林资源丰富。

在城市群层面，长江经济带的三大城市群中，超过一半的活立木蓄积量属于川渝城市群，其中四川拥有活立木蓄积量 19.72 亿立方米，在长江经济带中占比达到 45.6%。长三角城市群活立木蓄积量为 6.8 亿立方米，占长江经济带中的比重为 15.7%，是长江经济带森林资源最匮乏的地区，其中江苏活立木蓄积量仅为 0.9 亿立方米，在长江经济带中占比仅为 2.2%。长江中游城市群的活立木分布相对均匀，其中江西、湖北和湖南活立木蓄积量分别为 5.76 亿立方米、3.96 亿立方米和 4.61 亿立方米，占长江经济带活立木蓄积量的比重分别为 13.3%、9.2% 和 10.7%。

综上所述，长江经济带拥有丰富的森林资源，森林覆盖率较高。活立木是森林资源中最重要的组成部分，川渝城市群拥有最多活立木蓄积量，而长三角城市群活立木蓄积量相对较少。长江中游城市群活立木分布均匀。

4.3.3 土地资源

从土地资源来看，长江经济带拥有丰富的土地资源，土地面积约为 205.23 万平方公里，占全国面积的 21.4%。湿地是土地资源的重要组成部分，是自然界最富生物多样性的生态景观之一，也是人类重要的生存环境之一。湿地对于水文调节和水质净化具有重要作用。湿地可以减缓水流的速度，湿地植物可以过滤水中的毒物、杂质和营养物质，从而净化了下游水质。

近年来，长江经济带致力于湿地保护建设，截至 2021 年，长江经济带的湿地面积为 2270 千公顷，湿地率为 9.7%，高于全国平均水平。

在城市群层面，川渝城市群拥有最大湿地面积，达到 1245 千公顷，占长江经济带湿地面积的比重为 54.9%，几乎全部分布在四川省内。长三角城市群湿地面积约为 700 千公顷，占长江经济带湿地面积的比重为 30.8%，主要分布在江苏省。长江中游城市群湿地保有量最少，仅有 325 千公顷，占长江经济带湿地面积的比重仅为 14.3%，几乎全部分布在湖南省内。

综上所述，长江经济带拥有丰富的土地资源，其中湿地是重要组成部分。湿地在水文调节和水质净化方面发挥着重要作用。长江经济带在湿地保护建设方面取得了一定的成就，湿地面积高于全国平均水平。不同城市群之间湿地面积的分布存在差异，川渝城市群拥有最大的湿地面积，而长三角城市群的湿地面积较少，长江中游城市群的湿地保有量最少。

4.4　城市群生态压力评价

图 4-4 为长江经济带三大城市群主要年份生态压力评价指数。考察期内长江经济带三大城市群生态压力评价指数均值为 0.343。其中，长江中游城市群生态压力评价指数最高（受到生态压力最小），年均值为 0.386；其次是川渝城市群，年均值为 0.370；而长三角城市群的生态压力评价指数最低（受到生态压力最大），年均值为 0.274。长江中游城市群和川渝城市群的生态压力水平相对接近，与长三角城市群相比，长江中游城市群和川渝城市群生态压力水平明显较高。三大城市群的生态压力水平整体呈上升趋势。其中，长三角城市群的生态压力上升幅度最大，从 2010 年的 0.224 上升到 2021 年的 0.327，涨幅达到 45.7%；长江中游城市群的上升幅度次之，从 2010 年的 0.328 上升到 2021 年的 0.445，涨幅达到 35.6%；川渝城市群的上升幅度最小，从 2010 年的 0.317 上升到 2021 年的 0.422，涨幅达到 33.2%。综上所述，长江经济带的三大城市群在生态压力评价指数上存在差异。长江中游城市群和川渝城市群的生态压力评价指数相对较高，而长三角城市群的生态压力评价指数相对较低。在考察期间，三大城市群的生态压力均呈上升趋势，其中长三角城市群的上升幅度最大。这些数据表明长江经济

带在可持续发展和生态保护方面仍面临一定的挑战，需要采取措施来平衡经济发展和生态保护之间的关系，确保生态环境的可持续性。

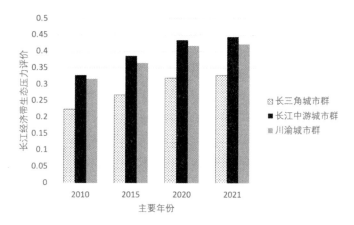

图 4-4 主要年份长江经济带三大城市群生态压力评价

图 4-5 为长江经济带各地区平均生态压力水平的空间分布。从图中可以看出长江经济带各地区的平均生态压力水平存在空间分布差异。从生态压力的角度来看，中下游城市、沿江城市、中心城市、副中心城市和直辖市的生态压力评价指数低于其他城市，表明面临的生态压力大于其他城市，并且这种排序稳定。在生态压力水平排序后 20 的城市中，中心城市、和直辖市占比 45%，下游城市占比 50%，沿江城市占比 70%。中心城市、直辖市和下游城市通常承载着更多的经济活动和人口密集度，因此在资源利用和环境压力方面面临更大的挑战。而上游城市由于地理位置的相对较远和经济发展水平的相对较低，生态压力相对较小。

图 4-5 长江经济带各地区平均生态压力水平空间分布

长江经济带作为中国最重要的经济区域之一，面临着严重的生态压力。这些生态压力主要表现在水体污染、大气污染和土壤污染等方面，并且这些污染问题的源头涉及工业、农业和居民生活等多个领域。

4.4.1 水体污染

长江是中国最长、最重要的河流，在工业化和城市化进程中面临着严重的水污染问题。这些进程导致大量工业废水和生活污水排放到长江中，对水体造成了严重的污染。废水中含有各种有机物、重金属、营养物质等污染物，它们对水生态系统造成了破坏，同时也对人类健康产生潜在风险。化学需氧量是衡量水体污染程度的重要指标之一，高化学需氧量通常意味着水体中含有大量的有机物，这些有机物在分解过程中会消耗大量氧气，导致水中的氧气含量降低，对水生态环境造成不利影响。氨氮化物是另一个衡量水体污染程度的重要指标，高氨氮化物浓度可能导致水体中氮的富集，进而引发水体富营养化问题。监测和控制这些指标的浓度对于保护长江水质、维护生态平衡以及保障人类健康至关重要。

从化学需氧量排放来看，2010 年，生活是化学需氧量排放的第一源头。重点行业分别为造纸与纸制品业、农副食品加工业、化学原料及化学制品制造业、纺织业，排放量靠前的四个行业排放量占总化学需氧量排放量的 60.0%。2015 年，生活依旧是化学需氧量排放的第一源头，重点行业没有变化，但是排放量靠前的四个行业排放量占总化学需氧量排放量的比重有所下降，为 49.5%。2021 年，农业成为化学需氧量排放的第一源头，重点行业依然是纺织业、造纸和纸制品业、化学原料和化学制品制造业，排放量靠前的四个行业排放量占总化学需氧量排放量的比重几乎没有变化。

在城市群层面，长三角城市群的化学需氧量排放量相对较高。尽管近年来长三角地区的生态绿色发展受到重视，共保联治能力显著提升，但仍存在控制成效区域差异较大的问题。以下是对长三角地区的具体情况进行进一步说明：江苏是化学需氧量排放量最大的地区之一。2010 年，江苏的化学需氧量排放量约为 80 万吨，在全国主要地区中排名第 4。到了 2021 年，江苏的化学需氧量排放量增至约 120 万吨，但在全国主要地区中排名下降至第 9。上海是化学需氧量排放量最小的地区之一。2010 年，上海的化学需氧量排放量约为 25 万吨，在全国主要地区中排名第 23。到了 2021年，上海的化学需氧量排放量略有下降，约为 15 万吨，在全国主要地区中排名第 29。浙江是化学需氧量排放控制成效最显著的地区之一。2010年，浙江的化学需氧量排放量约为 49 万吨，在全国主要地区中排名第 11。到了 2021 年，浙江的化学需氧量排放量略有增加，约为 59 万吨，但在全国主要地区中排名下降至第 22。安徽是化学需氧量排放量控制成效较差的地区之一。2010 年，安徽的化学需氧量排放量约为 42 万吨，在全国主要地区中排名第 14。到了 2021 年，安徽的化学需氧量排放量增至约 60 万吨，在全国主要地区中排名上升至第 7。综上所述，长三角地区的化学需氧量排放情况存在差异。江苏是排放量最大的地区，而上海是排放量最小的地区。浙江在排放控制方面取得了一定成效，而安徽的排放控制成效相对较差。

在长江中游城市群，废水中化学需氧量的排放主要集中在西北区域。以下是对该地区的具体情况进行进一步说明：湖南是化学需氧量排放量最大的地区之一。2010 年，湖南的化学需氧量排放量约为 81 万吨，在全国主要地区中排名第 3。到了 2021 年，湖南的化学需氧量排放量增至约 150 万吨，在全国主要地区中排名第 5。江西是化学需氧量排放量最小的地区之一。2010 年，江西的化学需氧量排放量约为 44 万吨，在全国主要地区中排名第13。到了 2021 年，江西的化学需氧量排放量增至约 119 万吨，在全国主要地区中排名第 11。湖北是化学需氧量排放量控制成效较差的地区之一。2010年，湖北的化学需氧量排放量约为 57 万吨，在全国主要地区中排名第 8。到了 2021 年，湖北的化学需氧量排放量进一步增至约 160 万吨，在全国主要地区中排名上升至第 2。综上所述，长江中游城市群的化学需氧量排放情况在不同地区存在差异。湖南是排放量最大的地区，而江西是排放量最小的地区。湖北的排放量控制成效相对较差。这些数据表明，在长江中游地区仍然需要加强化学需氧量的控制和减排措施，以减少水体污染，保护长江的水质和生态环境。

在川渝城市群，废水中的化学需氧量排放控制成效显著。以下是对该地区的具体情况进行进一步说明：四川是化学需氧量排放量最大的地区之一。2010 年，四川的化学需氧量排放量约为 74 万吨，在全国主要地区中排名第 5。到了 2021 年，四川的化学需氧量排放量增至约 130 万吨，在全国主要地区中排名第 6。重庆是化学需氧量排放量最小的地区之一。2010 年，重庆的化学需氧量排放量约为 28 万吨，在全国主要地区中排名第 22。到了 2021 年，重庆的化学需氧量排放量略有增加，约为 38 万吨，在全国主要地区中排名第 23。整体来说，川渝城市群在化学需氧量的排放控制方面取得了显著成效。

从氨氮化物排放来看，2010 年，生活是氨氮化物排放的第一源头。重点行业分别为化学原料及化学制品制造业、造纸与纸制品业、农副食品加工业、纺织业，排放量靠前的四个行业排放量占总氨氮化物排放量的 56.9%。2015 年，生活依旧是氨氮化物排放的第一源头，石油加工、炼焦和核燃料加工业排放量上升，替代造纸与纸制品业进入排放量靠前的行业行列，排放量靠前的四个行业排放量占总氨氮化物排放量的 53.6%。2021 年，生活依旧是氨氮化物排放的第一源头，重点行业和排放量靠前的四个行业排放量占总氨氮化物排放量的比重几乎没有变化。

在城市群层面，长三角城市群的氨氮化物排放量较高。尽管近年来长三角地区的三省一市聚焦于"生态绿色"发展，并且共保联治能力显著提升，但仍存在区域间控制成效差异较大的问题。其中江苏是长三角地区氨氮化物排放量最大的地区之一。2010 年，江苏的氨氮化物排放量约为 6.5 万吨，在全国主要地区中排放量排名第 5。到了 2021 年，江苏的氨氮化物排放量减少至 4.5 万吨，在全国主要地区中排放量排名第 8。上海是长三角地区氨氮化物排放量最小的地区，也是在控制氨氮化物排放方面取得成效最显著的地区之一。2010 年，上海的氨氮化物排放量约为 2.6 万吨，在全国主要地区中排放量排名第 20。到了 2021 年，上海的氨氮化物排放量进一步减少至 0.5 万吨，在全国主要地区中排放量排名下降至第 28。浙江和安徽是在氨氮化物排放量控制方面成效较差的地区。2010 年，浙江和安徽的氨氮化物排放量分别为 4.4 万吨和 4.5 万吨，在全国主要地区中排放量排名分别为 15 和 11。到了 2021 年，浙江和安徽的氨氮化物排放量分别增至 3.8 万吨和 4.3 万吨，在全国主要地区中排放量排名分别上升至第 13 和第 9。综上所述，长三角城市群的氨氮化物排放量较高，但在不同地区的控制成效存在差异。江苏是排放量最大的地区，上海在排放控制方面取得了显著成效，而浙江和安徽的控制成效相对较差。为了进一步减少氨氮化物的排放，需要在长三角地区加强相关行业的污染治理和减排措施，以促进更加环保和可持续的发展。

在长江中游城市群，废水中氨氧化物排放主要集中在西北区域。其中湖南是长江中游城市群中氨氮化物排放量最大的地区之一。2010 年，湖南的氨氮化物排放量约为 7.5 万吨，在全国主要地区中排放量排名第 2。到了 2021 年，湖南的氨氮化物排放量减少至 5.9 万吨，在全国主要地区中排放量排名下降至第 3。值得注意的是，尽管湖南的氨氮化物排放量仍然较高，但该地区在控制成效方面取得了显著进展。江西是长江中游城市群中氨氮化物排放量最小的地区之一。2010 年，江西的氨氮化物排放量约为 3.7 万吨，在全国主要地区中排放量排名第 16。然而，在 2021 年，江西的氨氮化物排放量增加至 5.1 万吨，在全国主要地区中排放量排名上升至第 6。这表明江西在氨氮化物排放控制方面的成效相对较差，需要进一步加强相关控制措施。综上所述，长江中游城市群的废水中氨氧化物排放主要集中在西北区域。湖南是氨氮化物排放量最大的地区，但同时也是排放量控制成效最显著的地区。江西是氨氮化物排放量最小的地区，但控制成效较差。

在川渝城市群，废水中氨氧化物排放的控制成效显著。其中四川是川渝城市群中氨氮化物排放量最大的地区之一。2010 年，四川的氨氮化物排放量约为 6 万吨，在全国主要地区中排放量排名第 6。到了 2021 年，四川的氨氮化物排放量增加至 7.1 万吨，在全国主要地区中排放量排名上升至第 2。尽管排放量增加，但该地区的排放控制成效仍然显著。重庆是川渝城市群中氨氮化物排放量最小的地区之一。2010 年，重庆的氨氮化物排放量约为 2.7 万吨，在全国主要地区中排放量排名第 22。到了 2021 年，重庆的氨氮化物排放量减少至 2.2 万吨，在全国主要地区中排放量排名上升至第 18。重庆在氨氮化物排放控制方面取得了一定的成效。综上所述，川渝城市群的废水中氨氧化物排放控制成效显著。四川是氨氮化物排放量最大的地区，但在排放控制方面取得了显著的进展。重庆是氨氮化物排放量最小的地区之一，也在排放控制方面取得了一定的成效。这些成效表明该地区在污染治理和减排措施方面的努力取得了一定的成果，但仍需要继续加强控制措施以进一步减少氨氮化物的排放，促进环境保护和可持续发展。

4.4.2 大气污染

长江经济带由于集中了大量的工业和城市化活动，以及交通运输需求，面临严重的大气污染问题。主要的污染物包括二氧化硫、氮氧化物、颗粒物和挥发性有机化合物等。这些污染物会导致空气质量恶化，形成雾霾和酸雨，对人类健康和生态系统造成危害。然而，近年来，长江经济带在废气排放控制方面取得了显著的成效。自 2015 年起，长江经济带严格控制废气中主要污染物的排放量，取得了可喜的进展。截至 2021 年，长江经济带废气中二氧化硫排放量为 67.7 万吨，与 2015 年相比下降了 87%。废气中氮氧化物排放量为 278 万吨，与 2015 年相比下降了 44.5%。废气中颗粒物排放量为 96.5 万吨，与 2015 年相比下降了 74.4%。这些数据表明，长江经济带在减少污染物废气排放方面取得了显著的成果。这些成果归功于长江经济带地区的环境保护措施和减排政策的实施。通过采用先进的污染治理技术、加强监管和执法力度，以及推动工业结构调整和能源结构转型，长江经济带取得了这些令人鼓舞的成果。

从二氧化硫排放来看，2010 年，工业是二氧化硫排放的第一源头，重点行业分别为电力热力的生产及供应业、黑色金属冶炼及压延加工业、非金属矿物制品业，排放量靠前的三个行业排放量占总二氧化硫排放量的73%。2015 年，工业依旧是二氧化硫排放的第一源头，重点行业没有变化，但是排放量靠前的三个行业排放量占总二氧化硫排放量的比重有所下降，为 63.1%。2021 年，工业依旧是二氧化硫排放的第一源头，重点行业没有变化，但是排放量靠前的三个行业排放量占总二氧化硫排放量的比重有所上升，为 71.3%。这些数据表明，在过去的几年里，工业仍然是二氧化硫排放的主要贡献者，并且重点行业基本保持不变。尽管在某些年份，排放量靠前的行业在总排放量中的比重有所变动，但工业仍然需要进一步加强控制措施，以减少二氧化硫的排放量。

在城市群层面，长三角城市群的不同地区在二氧化硫排放量方面存在一定的差异。江苏是二氧化硫排放量最大的地区，在 2010 年达到了 105 万吨，在全国主要地区中排名第 9。然而，到了 2021 年，江苏的二氧化硫排放量降至 8.9 万吨，在全国主要地区中排名第 13。上海是二氧化硫排放量最小的地区，2010 年的排放量为 38 万吨，在全国主要地区中排名第 24。而到了 2021 年，上海的二氧化硫排放量进一步减少至 1.2 万吨，在全国主要地区中排名第 28。浙江在二氧化硫排放量控制方面取得了显著的成效。2010 年，浙江的二氧化硫排放量为 70 万吨，在全国主要地区中排名第 15。然而，到了 2021 年，浙江的二氧化硫排放量降至 5 万吨，在全国主要地区中排名下降至第 25 位。安徽在二氧化硫排放量控制方面的成效相对较差。2010 年，安徽的二氧化硫排放量为 59 万吨，在全国主要地区中排名第 20。然而，到了 2021 年，安徽的二氧化硫排放量略有下降，为 9.4 万吨，但在全国主要地区中排名上升至第 15 位。这些数据显示，长三角城市群的不同地区在二氧化硫排放量方面存在一定的差异。江苏的排放量虽然有所下降，但仍然较高；上海在控制排放方面取得了显著进展；浙江在减排方面取得了显著成果；而安徽的减排努力还需要进一步加强。继续加强控制措施、推动清洁能源的使用以及促进产业结构升级，对于进一步减少二氧化硫排放量、改善空气质量和保护环境至关重要。

长江中游城市群各地区在控制在控制废气排放方面取得了一定的成就，但仍需要继续努力。其中湖南是二氧化硫排放量最大的地区，但同时也是二氧化硫排放量控制成效最显著的地区。在 2010 年，湖南的二氧化硫排放量达到了 80 万吨，在全国主要地区中排名第 12。然而，到了 2021 年，湖南的二氧化硫排放量减少至仅为 9 万吨，在全国主要地区中排名下降至第 16 位。江西是二氧化硫排放量最小的地区，但同时也是二氧化硫排放量控制成效较差的地区。在 2010 年，江西的二氧化硫排放量为 61 万吨，在全国主要地区中排名第 18。然而，到了 2021 年，江西的二氧化硫排放量略有下降，为 9.4 万吨，但在全国主要地区中排名上升至第 14 位。

川渝城市群在减少二氧化硫排放方面取得了显著的成效，各地区二氧化硫排放排名均有下降。其中四川是二氧化硫排放量最大的地区，2010 年，四川二氧化硫排放量为 112 万吨，在全国主要地区排放量排名第 7，2021 年，四川二氧化硫排放量为 13.5 万吨，在全国主要地区排放量排名 8。重庆是二氧化硫排放量最小的地区，2010 年，重庆二氧化硫排放量为 78 万吨，在全国主要地区排放量排名第 14，2021 年，重庆二氧化硫排放量为 6.1 万吨，在全国主要地区排放量排名第 24。

从氮氧化物排放来看，2010 年，工业部门是氮氧化物排放的主要来源，其中重点行业包括电力热力的生产和供应业、非金属矿物制品业以及黑色金属冶炼及压延加工业。这三个行业的氮氧化物排放量占总排放量的比重达到了 83.5%。到了 2015 年，工业仍然是氮氧化物排放的主要来源，而重点行业没有发生变化。然而，排放量靠前的三个行业在总排放量中所占比重略有下降，为 79.9%。而在 2021 年，工业仍然是氮氧化物排放的主要来源，且重点行业依然没有发生变化。不过，排放量靠前的三个行业在总排放量中所占比重有所上升，达到了 82.1%。

在城市群层面上，长三角城市群内不同地区的氮氧化物排放量差异较大。江苏是排放量最大的地区，而上海是排放量最小且控制效果最好的地区。安徽在排放量控制方面还有进一步的改善空间。根据数据统计，江苏是氮氧化物排放量最大的地区。在 2010 年，江苏的氮氧化物排放量达到 125 万吨，在全国主要地区中排名第 4 位。而到了 2021 年，江苏的氮氧化物排放量下降至 52 万吨，在全国主要地区中排名第 5 位。上海则是氮氧化物排放量最小的地区，同时也是排放量控制最好的地区。2010 年，上海的氮氧化物排放量为 48 万吨，在全国主要地区中排名第 17 位。然而，到了 2021 年，上海的氮氧化物排放量下降至 15 万吨，在全国主要地区中排名下降至第 25 位。而安徽则是氮氧化物排放量控制最差的地区。2010 年，安徽的氮氧化物排放量为 62 万吨，在全国主要地区中排名第 11 位。尽管在 2021 年，安徽的氮氧化物排放量有所下降，达到了 44 万吨，但在全国主要地区中的排名提升至第 7 位。

长江中游城市群内各地区氮氧化物排放量也存在差异。湖北是排放量最大的地区，而湖南是排放量最小的地区。江西在氮氧化物排放量控制方面仍有改善空间。根据数据统计，湖北是氮氧化物排放量最大的地区。在 2010 年，湖北的氮氧化物排放量为 56 万吨，在全国主要地区中排名第 14 位。而到了 2021 年，湖北的氮氧化物排放量下降至 37 万吨，在全国主要地区中排名第 11 位。湖南则是氮氧化物排放量最小的地区。2010 年，湖南的氮氧化物排放量为 41 万吨，在全国主要地区中排名第 20 位。然而，到了 2021 年，湖南的氮氧化物排放量进一步下降至 28 万吨，在全国主要地区中排名上升至第 18 位。而江西则是氮氧化物排放量控制效果最差的地区。

2010 年，江西的氮氧化物排放量为 31 万吨，在全国主要地区中排名第 23 位。尽管在 2021 年，江西的氮氧化物排放量依然为 31 万吨，但在全国主要地区中的排名上升至第 13 位。

对于川渝城市群，根据数据统计，四川是氮氧化物排放量最大的地区。在 2010 年，四川的氮氧化物排放量为 68 万吨，在全国主要地区中排名第 10 位。而到了 2021 年，四川的氮氧化物排放量下降至 36 万吨，在全国主要地区中排名第 12 位。重庆则是氮氧化物排放量最小的地区。2010 年，重庆的氮氧化物排放量为 29 万吨，在全国主要地区中排名第 24 位。然而，到了 2021 年，重庆的氮氧化物排放量保持稳定，在全国主要地区中排名依然是第 24 位。

4.4.3 土壤污染

从土壤污染来看，工业活动所产生的废弃物、化学品和有害物质有可能会渗入土壤，导致土壤污染问题。其中，重金属、有机污染物和其他化学物质的积累会对土壤质量造成破坏，阻碍植物的生长，进而影响农作物的品质和食品的安全性。近年来，长江经济带对工业固体废物的产生量进行了严格的管控。然而，管控效果仍然有待进一步提升。据数据显示，2021 年长江经济带的工业固体废物产生量为 88145 万吨，同比增长了 23.4%。这些数据表明，尽管在长江经济带已经采取了一系列的措施来控制工业固体废物的产生，但仍然存在固体废物产生量的增长趋势。这需要进一步加强对工业活动中废物产生和处理的监管，以减少土壤污染的风险。此外，还需要加强环境意识的提高，推动可持续发展，以确保土壤的健康和农产品的质量与安全。

在城市群层面，长三角城市群是三大城市群中工业固体废物产生量最大的地区。据数据显示，2021 年长三角城市群的工业固体废物产生量为 35847 万吨，同比增长了 23.4%。与 2015 年相比，这一数字上升了 27.7%。在长三角城市群中，安徽是工业固体废物排放量最大的地区，但同时也是工业固体废物排放量控制成效最显著的地区。2010 年，安徽的工业固体废物排放量为 9158 万吨，排名全国主要地区第 9 位。然而，到了 2021 年，安徽的工业固体废物排放量增加至 14508 万吨，但在全国主要地区中的排放量排名下降至第 24 位。上海是工业固体废物排放量最小的地区，但同时也是工业固体废物排放量控制成效较差的地区。2010 年，上海的工业固体废物排放量为 2448 万吨，排名全国主要地区第 30 位。然而，到了 2021 年，上海的工业固体废物排放量略有增加，达到 2973 万吨，在全国主要地区中的排放量排名上升至第 9 位。

近年来，长江中游城市群在控制工业固体废物产生量方面进行了严格的管控，但管控效果仍有待提升。据数据显示，2021 年长江中游城市群的工业固体废物产生量为 35596 万吨，同比增长了 40.1%。相较于 2015 年，这一数字上升了 41%。在长江中游城市群中，江西曾经是工业固体废物排放量最大的地区，但同时也是工业固体废物排放控制成效最显著的地区。2010 年，江西的工业固体废物排放量为 9407 万吨，在全国主要地区中排放量排名第 6 位。然而，到了 2021 年，江西的工业固体废物排放量增加至 11533 万吨，但在全国主要地区中的排放量排名下降至第 17 位。湖南曾经是工业固体废物排放量最小的地区，但同时也是工业固体废物排放控制成效较差的地区。2010 年，湖南的工业固体废物排放量为 5773 万吨，在全国主要地区中排放量排名第 22 位。然而，到了 2021 年，湖南的工业固体废物排放量减少至 4846 万吨，但在全国主要地区中的排放量排名上升至第 11 位。

川渝城市群在控制工业固体废物产生量方面采取了严格的管控措施，并取得了显著的成绩。据数据显示，2021 年川渝城市群的工业固体废物产生量为 16702 万吨，同比下降了 1.7%。相较于 2015 年，这一数字下降了 1.3%。川渝城市群是长江经济带三大城市群中唯一工业固体废物产生量下降的地区。在川渝城市群中，四川是工业固体废物排放量最大的地区。2010 年，四川的工业固体废物排放量为 11239 万吨，在全国主要地区中排放量排名第 1 位。然而，到了 2021 年，四川的工业固体废物排放量增加至 14435 万吨，在全国主要地区中的排放量排名下降至第 13 位。重庆是工业固体废物排放量最小的地区。2010 年，重庆的工业固体废物排放量为 2837 万吨，在全国主要地区中排放量排名第 28 位。然而，到了 2021 年，重庆的工业固体废物排放量减少至 2267 万吨，在全国主要地区中的排放量排名上升至第 26 位。

4.5　城市群生态保护评价

图 4-6 为长江经济带三大城市群在主要年份生态保护评价指数。考察期内三大城市群的生态保护指数均值为 0.366。其中，长三角城市群的生态保护水平最高，年均值为 0.398；其次是川渝城市群，年均值为 0.364；而长江中游城市群的生态保护水平最低，年均值为 0.338。长江中游城市群和川渝城市群在生态保护水平上的差异不大，但与长三角城市群相比差异显著。三大城市群的生态资源水平差异不大，而且在上下波动的过程中整体呈上升趋势。其中，川渝城市群的上升幅度最大，从 2010 年的 0.308 上升到 2021 年的 0.419，涨幅达到 36.2%；长江中游城市群的上升幅度次之，从 2010 年的 0.285 上升到 2021 年的 0.386，涨幅达到 35.2%；而长三角城市群的上升幅度最小，从 2010 年的 0.356 上升到 2021 年的 0.443，涨幅达到 24.7%。这些数据反映了三大城市群在生态保护方面的整体进步。

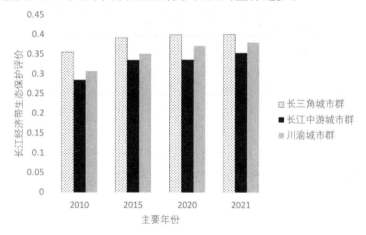

图 4-6　主要年份长江经济带三大城市群生态保护评价

图 4-7 为长江经济带各地区平均生态保护水平的空间分布。从生态保护的角度来看，中下游城市的生态保护水平普遍高于上游城市；沿江城市的生态保护水平高于非沿江城市；中心城市、副中心城市和直辖市的生态保护水平高于其他地级城市，并且排名相对稳定。在生态保护水平排序前

20 的城市中,中心城市和直辖市占据了 45% 的比例,下游城市占据了 60% 的比例,沿江城市占据了 65% 的比例。这些数据表明,位于中心位置的城市以及沿江地区的城市在生态保护方面相对较好。这可能与这些城市的经济发展水平、政府对生态保护的重视程度以及资源配置等因素有关。综上所述,长江经济带各地区的生态保护水平存在空间差异。中下游城市、沿江城市以及中心城市、副中心城市和直辖市在生态保护方面表现较好。

平均生态保护水平
	0.4-0.6
	0.2-0.4
	0-0.2

图 4-7　长江经济带各地区平均生态保护水平空间分布

4.5.1 财政投入

近年来,长江经济带在生态环境保护方面持续加强,并致力于推进城乡环境基础设施建设,以促进生态环境质量的持续改善。根据数据显示,2021 年长江经济带的城镇环境基础建设投资达到 2784 亿元,同比增长了 0.7%。

在城市群层面,长三角城市群的城镇环境基础建设投资达到 1233.7 亿元,虽然同比减少了 0.6%,但仍是长江经济带环境基础建设财政投入力度最大的地区。长江中游城市群的城镇环境基础建设投资为 872.7 亿元,同比增长了 26.4%,是长江经济带环境基础建设财政投入增长最多的地区。川渝城市群的环境基础较好,且工业发展相对薄弱,受到的生态压力较小,其环境基础建设财政投入力度相对较小。川渝城市群在 2021 年的城镇环境基础建设投资为 678.3 亿元,同比增长了 14.6%。这些数据表明,长江经济带在财政投入方面持续加强生态环境保护和城乡环境基础设施建设。不同城市群的投资重点和增长情况存在一定差异,但整体上都体现了对生态环境保护的重视。

4.5.2 污染物处理

工业活动产生的污染物排放和废弃物对环境造成了不利影响，特别是工业固体废物的处理。工业固体废物需要占用土地进行堆放，其中的有害成分容易污染土壤，并且可能随着降水或地表径流进入河流和湖泊，导致水体污染。此外，一些有机固体废物在适宜的温度下可能被微生物分解，释放出有害气体。近年来，长江经济带在严格控制和积极处理工业生产中的固体废物方面采取了一系列措施。根据数据显示，2021 年长江经济带的工业固体废物产生量为 88145 万吨，占全国总产生量的 22%。然而，长江经济带在综合利用方面取得了积极的进展。综合利用量达到 57439 万吨，再利用率为 65%，高于全国平均水平。这些数据表明，长江经济带在工业固体废物处理方面取得了一定的成就。通过严格控制和积极处理固体废物，长江经济带实现了较高的再利用率，有助于减少对环境的负面影响。然而，仍然需要进一步努力，以降低工业固体废物的产生量，并加强废物的综合利用，以实现更高水平的环境保护和可持续发展。

在城市群层面，长三角城市群是长江经济带三大城市群中工业固体废物处理能力最强的地区。根据数据显示，2021 年长三角城市群的工业固体废物再利用率达到 92.7%，高于长江经济带的平均水平。特别是在浙江省，工业固体废物处理率超过 97%，是长江经济带中废物处理能力最强的地区之一。长江中游城市群是长江经济带三大城市群中工业固体废物处理能力分化最大的地区。其中，江西省和湖北省的工业固体废物再利用率仅为 49.4%，远低于长江经济带的平均水平。而湖南省的工业固体废物再利用率为 76.1%，相对较高，表明其工业固体废物处理能力较强，高于长江经济带的平均水平。近年来，川渝城市群也积极开展废物处理工作。然而，根据数据显示，2021 年川渝城市群的工业固体废物再利用率为 48.1%，几乎与长江中游城市群的平均水平持平，低于长江经济带的平均水平。这些数据表明，在长江经济带的不同城市群中，长三角城市群在工业固体废物处理方面表现出较强的能力，而长江中游城市群和川渝城市群存在一定的挑战。进一步加强工业固体废物的处理和再利用工作，特别是在长江中游城市群和川渝城市群，可以有助于提高整个长江经济带的废物处理水平。

随着人口的增长和经济的发展，生活垃圾的产生量仍在不断增加，对水、大气、土壤等环境产生危害。近年来，长江经济带采取了卫生填埋、焚烧、堆肥等方法对生活垃圾进行无害化处理，并取得了显著的处理效果。根据数据显示，2021 年长江经济带每日无害化处理生活垃圾达到 39.4 万吨。与 2015 年相比，处理能力提高了 75.8%。这意味着长江经济带在生活垃圾处理方面取得了明显的进展。

在城市群层面，川渝城市群是长江经济带三大城市群中生活垃圾无害化处理能力提升最大的地区。据数据显示，2021 年，川渝城市群每日无害化处理生活垃圾达到 6.7 万吨，处理能力相较于 2015 年提升了 110.6%。长三角城市群是每日无害化处理生活垃圾最多的地区。2021 年，长三角城市群每日无害化处理生活垃圾达到 23.3 万吨，处理量相较于 2015 年增加了 67.6%。长江中游城市群各省份在提升生活垃圾无害化处理能力方面存在一定的分化。2021 年，江西省每日无害化处理生活垃圾为 2.2 万吨，处理能力相较于 2015 年提升了 126%。而湖北省和湖南省每日无害化处理能力相较于 2015 年仅提升了 60%。这些数据表明，在长江经济带的不同城市群中，川渝城市群在生活垃圾无害化处理能力方面取得了显著的进展，而长三角城市群也表现出较高的处理能力。然而，长江中游城市群的各省份在提升处理能力方面有所差异，需要加强措施以提高生活垃圾无害化处理能力。为了实现更好的生活垃圾管理和环境保护，长江经济带各城市群应进一步加大对生活垃圾处理的投入，推动技术创新，提高处理能力和效率。同时，积极推行垃圾分类和回收利用，减少生活垃圾总量，促进可持续发展。

4.5.3 有害生物防治

从有害生物防治来看，有害生物在种植、养殖、加工、储存和运输等过程中仍然对长江经济带造成严重威胁。尤其是在工业加工中，除了化学和物理污染外，与虫害相关的影响可能导致巨大的经济损失。近年来，长江经济带深入开展了有害生物普查，加强了有害生物防治和风险管理工作，以降低和控制有害生物的威胁。根据数据显示，2021 年长江经济带的有害生物防治率达到 85.8%，高于全国平均水平。通过有害生物普查和防治措施的实施，长江经济带在减少有害生物对农业、工业和其他领域的影响方面取得了一定成效。这有助于保护农作物、畜禽养殖和工业生产等关键领域免受有害生物的侵害，减少经济损失，并促进可持续发展。然而，有害生物的防治仍然是一个持续的挑战。随着全球贸易和交流的增加，有害生物传播的风险也在增加。长江经济带需要进一步加强有害生物防治的研究和技术创新，加强监测和预警系统的建设，提高应对有害生物威胁的能力。同时，加强农业和工业生产过程中的规范化管理和卫生标准，加强宣传教育，提高公众对有害生物防治的意识和参与度，也是确保长江经济带有效防治有害生物的重要措施。

在城市群层面，长三角城市群在有害生物防治方面表现出较高的水平，防治率达到了 93.8%，领跑长江经济带。而长江中游城市群和川渝城市群的有害生物防治率分别为 75% 和 86%，低于长三角城市群的平均水平。这主要是因为长江中游城市群和川渝城市群拥有大片森林，在森林鼠（兔）害和有害植物方面面临更大的风险。以湖北省为例，2021 年，湖北省有害植物发生面积达到 7 万公顷，是全国森林有害植物发生面积最严重的地区之一，占全国森林有害植物发生面积的 36.2%。而位于川渝城市群的四川省则面临更大的森林鼠（兔）害风险。虽然四川省 2021 年的森林鼠（兔）害发生面积同比大幅下降，但仍然达到了 2.9 万公顷。这些数据反映了长江经济带不同城市群在森林有害植物和森林鼠（兔）害防治方面的挑战。为了应对这些问题，相关地区需要加强有害生物防治的技术研究和创新，加强监测和预警系统的建设，采取有效的防治措施，以减少经济损失和环境影响。

4.5.4 造林

森林是地球上最丰富的生态系统之一，对环境、气候和生物多样性具有重要影响。森林为各种动植物提供广泛的栖息地，支持着生物多样性的维持和生存。此外，森林通过吸收二氧化碳并释放氧气，对碳循环和气候调节起着关键作用。森林的植被和土壤有助于保持水分，减少土壤侵蚀和洪水的风险。此外，森林覆盖还可以保护土壤免受侵蚀和风化的影响。在 2010 至 2015 年期间，长江经济带采取了人工造林的方式增加森林资源。到 2015 年，长江经济带的造林面积达到 209.4 万公顷，比 2010 年增长了 50.1%。

其中，安徽省作为长三角城市群的一部分，取得了显著的成绩，2015 年的造林面积达到 23.7 万公顷，相较于 2010 年增长了 386.4%。然而，从 2015 年到 2020 年，长江经济带减缓了人工造林的力度，转而大力采用退化林修复的方式来恢复森林资源。到 2020 年，长江经济带的造林面积达到 207.8 万公顷，与 2015 年相比没有增长。在省份层面，只有那些大力开展退化林修复的地区的造林面积相较于 2015 年有所增长。例如，浙江省的造林面积达到 12 万公顷，相较于 2015 年增长了 67.5%，是长江经济带森林恢复最快的地区之一。自 2020 年以来，长江经济带开始大力推行封山育林的方式来恢复森林资源。虽然造林面积的增长速度较慢，但封山育林具有更低的成本、更早的森林利用期和更高的经济效益。

总体而言，长江经济带在森林保护和恢复方面采取了多种措施，包括人工造林、退化林修复和封山育林。这些举措旨在促进长江经济带的可持续发展，保护生态环境，并提供经济和社会效益。

4.6　城市生态水平障碍因子诊断

图 4-8、4-9、4-10 为长江经济带各城市群要素层的障碍度结果。数据表明，生态压力是大多数城市生态化水平的主要障碍来源。其中，水体污染的平均障碍度为 12.3%，大气污染的平均障碍度为 12.6%，土壤污染的平均障碍度为 12.4%。此外，生态保护是大部分城市生态化水平的次要障碍来源。其中污染物处理的平均障碍度为 8.2%，造林的平均障碍度为 8.9%，有害生物防治的平均障碍度为 8.1%，财政投资的平均障碍度为 8.4%。这些数据表明，长江经济带各城市在生态方面面临一系列的挑战。水体污染、大气污染和土壤污染被认为是主要的生态障碍因素。同时，污染物处理、造林、有害生物防治和财政投资等也对城市的生态化水平产生一定的影响。为了应对这些挑战，相关城市需要加强环境保护和生态修复工作，采取有效的措施减少污染物的排放和治理。此外，还需要加大财政投资力度，推动生态建设和生态产业的发展。通过综合的措施，可以提高城市的生态化水平，促进长江经济带的可持续发展。

图例：■水资源　■森林资源　■土地资源　■水体污染　■大气污染　■土壤污染　■污染物处理　■造林　■有害生物防治　■财政投入

城市	水资源	森林资源	土地资源	水体污染	大气污染	土壤污染	污染物处理	造林	有害生物防治	财政投入
宣城	9.7%	1.2%	2.6%	16.1%	16.6%	15.6%	6.6%	7.3%	9.3%	14.4%
池州	8.6%	8.4%	23.0%	10.1%	7.3%	12.9%	7.4%	7.4%	7.4%	7.4%
滁州	10.2%	11.1%	12.0%	12.5%	7.4%	14.7%	7.5%	8.0%	8.0%	8.5%
安庆	7.6%	2.8%	7.5%	10.5%	15.0%	19.4%	9.6%	9.3%	9.3%	9.0%
铜陵	12.0%	10.8%	13.1%	5.8%	10.4%	15.0%	8.2%	7.8%	8.2%	8.6%
马鞍山	10.7%	7.9%	5.1%	19.6%	9.9%	7.8%	12.6%	13.2%	9.7%	3.5%
芜湖	9.6%	11.9%	7.2%	10.1%	17.3%	13.9%	3.4%	9.6%	7.5%	9.4%
合肥	12.7%	13.9%	12.0%	14.2%	13.9%	4.3%	9.0%	4.5%	8.7%	6.8%
台州	10.9%	11.4%	20.5%	10.3%	6.8%	13.8%	2.3%	8.7%	6.6%	8.8%
舟山	6.6%	5.0%	15.1%	15.1%	14.0%	13.9%	12.1%	9.0%	7.9%	2.4%
金华	10.8%	10.7%	13.1%	14.8%	10.6%	4.3%	2.1%			
绍兴	6.8%	8.4%	5.1%	16.5%	16.5%	16.5%	5.1%	7.6%	12.6%	
湖州	6.2%	4.8%	15.9%	11.3%	16.7%	7.3%	9.5%	10.5%	11.4%	6.4%
嘉兴	10.0%	9.3%	10.8%	17.5%	13.2%	12.8%	1.8%	8.0%	6.6%	10.0%
温州	8.0%	5.7%	14.0%	11.0%	8.6%	13.3%	12.4%	9.9%	13.0%	4.1%
宁波	8.8%	9.4%	14.9%	15.5%	9.4%	10.2%	7.9%	6.5%	9.2%	8.0%
杭州	15.4%	11.0%	6.7%	14.6%	15.3%	9.2%	6.9%	9.1%	6.9%	4.7%
泰州	8.8%	3.1%	2%	15.6%	16.9%	14.3%	13.4%	9.7%	9.7%	6.0%
镇江	12.9%	9.0%	5.0%	14.7%	14.7%	14.7%	8.4%	7.2%	8.9%	4.4%
扬州	11.0%	11.0%	10.9%	12.1%	12.1%	9.7%	7.7%	5.1%	8.3%	
盐城	13.8%	8.4%	6.9%	16.4%	15.1%	9.7%	7.1%	6.4%	6.7%	
南通	4.4%	4.4%	4.4%	15.6%	19.6%	11.7%	10.0%	7.4%	5.8%	16.8%
苏州	9.4%	17.1%	10.1%	16.4%	8.0%	12.5%	6.6%	6.6%	7.5%	
常州	16.1%	14.7%	6.6%	10.6%	11.1%	11.6%	7.3%	7.3%	4.5%	10.1%
无锡	3.8%	9.2%	6.9%	13.9%	14.0%	14.0%	9.5%	10.8%	6.7%	11.1%
南京	11.8%	15.0%	12.4%	13.6%	7.9%	19.8%	7.4%	7.4%	2.7%	12.0%
上海	6.8%	11.6%	2.0%	20.7%	13.1%	13.7%	5.9%	4.0%	4.1%	14.0%

（横轴：0%　10%　20%　30%　40%　50%　60%　70%　80%　90%　100%）

图 4-8　长三角城市群生态水平要素层障碍度

在城市群层面，生态压力是长三角城市群生态综合水平的主要障碍来源，其中水体污染是长三角城市群生态发展水平的主要障碍因子。虽然近年来水体污染的障碍度有所下降，从 2010 年的 14.8%下降至 2021 年的13.2%，但是仍为长三角城市群生态综合水平的主要障碍因子，平均障碍度达到 13.8%。生态压力也是长江中游城市群生态综合水平的主要障碍来源，其中大气污染是长江中游城市群生态发展水平的主要障碍因子。虽然近年来大气污染的障碍度有所波动，但上下起伏不大，平均障碍度达到 13.3%。生态保护是川渝城市群生态综合水平的主要障碍来源，其中财政投入是川渝城市群生态发展水平的主要障碍因子，平均障碍度达到 9.8%。这些数据表明，在不同城市群中，不同的生态压力因素对生态综合水平产生不同程度的影响。长三角城市群面临着水体污染的挑战，长江中游城市群主要受到大气污染的影响，而川渝城市群则需要加大财政投入来推动生态保护工作。

图例：水资源　森林资源　土地资源　水体污染　大气污染　土壤污染　污染物处理　造林　有害生物防治　财政投入

城市	水资源	森林资源	土地资源	水体污染	大气污染	土壤污染	污染物处理	造林	有害生物防治	财政投入
吉安	17.2%	12.3%	7.3%	12.5%	8.6%	12.7%	10.8%	10.3%	7.9%	5.4%
抚州	13.4%	11.4%	13.4%	10.4%	10.1%	10.7%	8.5%	4.7%	9.5%	7.8%
上饶	12.6%	17.4%	11.0%	11.2%	14.8%	7.5%	6.4%	6.4%	4.0%	8.8%
萍乡	6.4%	5.2%	4.9%	12.4%	11.4%	13.4%	9.1%	13.7%	12.3%	10.9%
宜春	10.3%	11.3%	12.2%	10.7%	10.7%	10.7%	8.5%	8.5%	10.4%	6.7%
新余	10.1%	6.6%	10.4%	9.8%	11.8%	21.8%	7.4%	7.9%	4.6%	9.6%
鹰潭	6.3%	6.3%	17.0%	15.9%	13.1%	7.6%	10.9%	9.7%	12.3%	2.9%
景德镇	5.5%	4.4%	1.3% 15.4%	16.3%	17.3%	9.9%	10.5%	5.9%	13.5%	
九江	5.7% 1.3%	10.1%	15.0%	17.6%	12.4%	13.8%	9.5%	6.0%	8.6%	
南昌	9.3%	10.0%	10.2%	12.3%	12.7%	11.8%	10.7%	8.4%	4.2%	10.4%
娄底	15.6%	12.8%	6.4%	10.3%	10.3%	10.3%	8.6%	8.6%	8.6%	8.6%
衡阳	7.8%	9.2%	18.3%	12.4%	11.7%	11.1%	7.4%	7.4%	12.2%	2.5%
常德	8.2%	8.1%	6.0%	11.7%	14.0%	14.3%	7.1%	8.4%	8.3%	9.8%
益阳	16.5%	12.1%	7.8%	10.8%	8.3%	15.7%	7.2%	10.9%	7.2%	3.5%
岳阳	14.6%	10.5%	5.4%	12.4%	15.8%	8.1%	8.0%	12.4%	10.7%	1.7%
湘潭	9.2%	13.2%	10.3%	13.8%	14.4%	13.2%	8.7%	7.6%	7.7%	2.1%
株洲	6.9%	4.1%	14.6%	11.8%	11.8%	11.8%	10.3%	8.8%	14.0%	5.7%
长沙	9.8%	9.8%	9.8%	10.8%	14.4%	11.2%	8.5%	7.4%	11.8%	6.3%
荆门	15.0%	13.8%	2.2%	10.9%	12.4%	8.3%	9.3%	13.0%	4.9%	10.1%
荆州	13.1%	8.5%	10.9%	11.3%	13.0%	9.1%	11.4%	12.4%	8.6%	1.8%
宜昌	13.2%	15.7%	10.7%	5.6%	10.9%	12.1%	2.5% 4.2% 2.4%	18.8%		
襄阳	7.5%	12.1%	11.1%	11.1%	5.3%	14.3%	6.8%	5.8%	13.0%	
天门	5.1%	9.4%	7.9%	15.8%	11.8%	7.8%	9.3%	9.1%	10.9%	
潜江	12.0%	11.1%	10.4%	8.5%	6.9%	14.8%	5.1%	8.0%	4.5%	17.6%
仙桃	10.1%	12.9%	7.2%	10.9%	10.3%	11.7%	7.0%	9.4%	10.4%	1.1%
咸宁	7.9%	9.0%	10.1%	13.0%	14.6%	14.2%	7.3%	8.9%	10.0%	
孝感	11.8%	11.8%	8.8%	9.7%	15.6%	11.2%	8.6%	4.5%	9.8%	11.1%
黄冈	10.2%	12.0%	8.3%	15.4%	14.0%	13.5%	8.9%	10.5%	6.6% 0.5%	
鄂州	12.7%	12.9%	13.4%	13.4%	13.4%	7.4%	5.3%	4.4%	17.5%	
黄石	7.4%	8.4%	2.1%	15.0%	17.3%	10.4%	8.9%	13.4%	9.9%	7.4%
武汉	2.4% 5.2%	14.5%	16.5%	19.7%	8.4%	8.9%	10.1%	8.3%	5.9%	

图 4-9　长江中游城市群生态水平要素层障碍度

图例：水资源　森林资源　土地资源　水体污染　大气污染　土壤污染　污染物处理　造林　有害生物防治　财政投入

城市	水资源	森林资源	土地资源	水体污染	大气污染	土壤污染	污染物处理	造林	有害生物防治	财政投入
资阳	9.1%	9.0%	8.9%	9.7%	9.1%	7.5%	8.8%	13.3%	14.5%	
雅安	6.7%	7.6%	5.7%	10.4%	13.1%	12.1%	13.8%	10.4%	9.8%	10.5%
达州	18.4%	16.1%	7.3%	6.1%	11.0%	16.0%	6.3%	8.0%	6.3%	4.5%
广安	7.7%	6.7%	7.3%	14.1%	12.3%	15.0%	7.9%	9.2%	8.7%	11.1%
宜宾	5.4%	5.4%	5.4%	10.5%	12.5%	13.6%	13.8%	9.2%	12.3%	
眉山	8.1%	8.1%	8.1%	10.1%	11.1%	7.1%	9.1%	13.6%	16.4%	
南充	7.7%	10.0%	12.3%	8.2%	12.4%	16.6%	8.7%	8.2%	5.7%	13.5%
乐山	11.9%	8.2%	8.5%	9.9%	10.5%	9.2%	12.4%	8.6%	9.1%	11.5%
内江	13.8%	13.8%	13.8%	10.4%	7.7%	13.1%	6.9%	6.9%	8.4%	5.4%
遂宁	13.1%	12.6%	7.9%	10.6%	5.6%	15.3%	9.0%	10.1%	11.0%	6.7%
绵阳	4.8%	7.5%	10.1%	10.0%	9.0%	12.1%	12.8%	8.8%	13.1%	11.9%
德阳	15.1%	10.2%	5.2%	13.3%	13.3%	13.3%	7.4%	12.0%	7.9%	2.8%
泸州	6.8%	9.4%	3.1%	11.4%	11.5%	11.5%	8.8%	11.6%	14.2%	12.0%
自贡	7.8%	12.0%	16.2%	9.1%	14.2%	7.0%	8.4%	11.7%	4.7%	8.9%
成都	14.9%	10.8%	7.2%	12.0%	2.9%	13.8%	13.8%	6.7%	7.1%	
重庆	14.2%	14.2%	14.2%	11.2%	2.9%	6.8%	8.0%	6.8%	7.6%	

图 4-10　川渝城市群生态水平要素层障碍度

4.7　主要结论

近年来，随着长江经济带工业化发展的推进，工业化的高度和规模也导致了一定的挑战和问题。主要表现在以下几个方面：①水体污染：长江经济带是中国最重要的水资源和生态系统之一，但由于工业和农业废水排放、城市污水处理不足等原因，长江流域的水质受到了严重污染。重金属、有机物和营养物质的过度积累导致水体富营养化和水生态系统退化，给水生物和人类健康带来潜在风险。②河流生态退化：长江经济带地区存在大量的水利工程，如水库、堤防和河道整治等，这些工程对河流生态系统产生了一定影响。河道改道、湿地退化、生态岸线下降等问题，导致了河流的自然生态功能受损。③大气污染：长江经济带地区的工业和交通发展较快，大气污染成为一个严重问题。工业排放物、汽车尾气和燃煤等因素导致大气污染物浓度偏高，影响空气质量和人民健康。④土壤污染和退化：长期的农业化学品使用和工业废弃物排放导致长江经济带地区存在土壤污染和退化问题。土壤中的重金属和农药残留对农作物生产和生态系统健康带来威胁。⑤生物多样性丧失：长江经济带地区的生物多样性受到了威胁和破坏。湿地退化、森林砍伐和土地开发等活动导致了许多物种的栖息地丧失和生态系统的破碎化。一些珍稀濒危物种在长江流域的分布范围不断减小。

在城市群层面，长三角城市群地理位置优越，拥有发达的交通网络和良好的港口条件，使得长三角地区最早进入工业化发展，并吸引了大量的人口和资本，长期以来的高强度经济活动和集约化的工业发展使得该地区面临着严重的环境污染和环境压力，为此，长三角城市群各区省加大环境保护投入，并采取了一系列措施来减少污染和改善环境状况。长江中游城市群在生态建设和经济发展之间相对取得了较好的平衡，但是区域内各省份生态环境保护效果差距较大，跨省合作有待加强。川渝城市群地区拥有丰富的生态资源，包括大片的森林、山地、水域和自然保护区等，但是存在资源分布不均匀的问题，此外，受限于地形地势，交通建设相对困难，工业化发展相对较晚较慢，经济实力相对较弱，因此在生态环境建设方面的投入相对有限，但是，由于地貌崎岖，一些自然环境相对较难被干扰和破坏，使得川渝市群的一些地区相对保持了较好的生态环境基础。

为了推动长江经济带的绿色发展，促进经济的可持续性、资源的高效利用和环境的保护，长江经济带各区省已经采取了一系列措施。其中包括：①加强节能减排和资源循环利用。相关部门积极制定和实施节能减排政策，旨在推动企业和居民采取节能措施，减少能源消耗和碳排放。比如，2021年，交通运输部、国家发展改革委、国家能源局、国家电网有限公司等部门联合印发《关于进一步推进长江经济带船舶靠港使用岸电的通知》，意味着长江经济带运输船舶岸电系统受电设施改造全面启动。项目计划在5年内完成船籍港在长江经济带11省市所有600总吨以上运输船舶的岸电系统受电设施改造，同时协同推进长江干线码头岸电设施建设和改造升级，使用岸上电源为船舶供电，替代停靠后所用的柴油机发电，可以实现源头减排。②加强环境监管和执法。相关部门加强对环境污染的监管和执法力度，建立健全环境保护的法律法规体系，严惩环境违法行为。加强环境监测和数据公开，提高环境监管的透明度和效力。比如，2019年，自然资源部开展长江经济带国土空间用途管制和纠错机制试点，分类处理长江岸线及外围空间利用的历史遗留问题。2021年，我国首部流域法《长江保护法》正式施行，长江沿线各部门认真推进制度落实，全力打好长江保护修复攻坚战，长江大保护取得显著成效。③开展生态保护和修复。相关部门加大对长江流域生态环境的保护和修复力度，推动湿地保护、林业和草原资源的保护与管理，加强水土保持和植被恢复工作。实施生态补偿机制，鼓励保护区域的居民和农民参与生态保护。在党中央、国务院的坚强领导下，沿江省市和有关部门聚焦工业、农业、生活、航运污染"四源齐控"，通过劣V类水体整治、入河排污口排查整治、"三磷"企业（矿、库）整治等专项行动，推动流域水环境质量持续改善。2022年，长江经济带水质优良断面比例达98.1%，较2015年上升16.3%，高于全国平均水平10.2%，长江干流连续3年全线达到II类水质，劣V类国控断面和城市黑臭水体基本消除。鄱阳湖、洞庭湖等重要湖泊总磷浓度呈下降趋势，其中总磷平均浓度为0.058毫克/升，较2016年下降47.7%。除此之外，长江流域水土流失面积下降至32.75万平方公里，国际重要湿地达到40处，自然岸线保有率提升至65.5%。

　　尽管长江流域生态环境保护修复取得显著成效，但仍存在不平衡和不协调的问题。具体表现在以下几个方面：一是局部区域水环境问题凸显。长江流域水质改善显著，但沿江产业发展惯性大，废水排放总量占全国 40% 左右，部分水域保护压力较大，上海、武汉、重庆等城市磷污染问题突出，排污口整治和新污染物治理难度依然较大。二是水生态保护修复任务艰巨。长江流域约 26% 的重要湖泊水库存在富营养化问题，仍有 33.7 万平方公里水土流失面积亟待治理；流域水库超过 5 万座，河流自然连通性受阻，部分河道生态流量保障不足。三是水环境风险防控压力较大。长江沿线重化工业高密度布局，高污染高耗能企业数量较多，通航船舶和危险化学品运输总量较大，随着全球气候变暖，旱涝等灾害频发，安全风险防范压力加大。

第5章 长江经济带城市群经济高质量发展评价

5.1 长江经济带经济水平评价体系

经济发展和经济高质量发展是两个相关但有所不同的概念。经济发展通常指的是一个国家或地区经济总量的增长和扩大。它关注的主要是经济增长的规模、速度和数量方面的指标，如地区生产总值（GDP）、就业人口、出口额等。经济发展是国家或地区追求增加经济产出和提高人民生活水平的过程，通常被视为一个国家或地区经济繁荣的重要标志。然而，经济发展并不能完全反映一个国家或地区经济的质量和可持续性。经济高质量发展则强调经济的质量、效益和可持续性，而非仅仅关注经济增长的规模和速度。经济高质量发展关注的是经济增长的效率、创新能力、可持续性和公平性等方面。它强调的是经济的质量而非数量，注重提高资源配置的效率，加强科技创新的能力，改善社会福利，实现可持续发展和人民群众的可持续发展。在经济高质量发展的框架下，经济增长应该与环境保护相协调，注重生态文明建设；应该与社会公平相结合，减少贫困与不平等现象；应该注重创新驱动，提高劳动生产率和资源利用效率；应该推动区域协调发展，减少地区间的发展差距。

总之，经济发展强调经济总量的增长和扩大，而经济高质量发展强调经济增长的质量、效益和可持续性。经济高质量发展的目标是实现经济增长和人民生活水平的双赢，建设一个繁荣、可持续和公平的社会。

目前，相关研究对于经济高质量发展尚无统一的评价指标体系和赋权标准。部分学者侧重经济层面探讨，尝试使用全要素生产率或劳动生产率、经济增长质量指数、地区发展与民生指数等单一指标进行测度[1][2][3]。有学者从经济高质量发展的内涵出发，选择高质量供给、高质量需求、发展效率、结构优化、经济稳定、社会效益、绿色发展七个维度构建指标体系。还有学者立足于总量提升和结构优化两个方向，从经济运行供给侧的质量变革、效率变革和动力变革三个维度构建指标体系[4]。尽管各研究展开角度存在差异，但归根结底经济高质量发展必须是满足人民日益增长的美好生活需要的发展，其核心离不开创新、协调、绿色、开放、共享的新发展理念。如表 5-1，本文以五大新发展理念为指导，根据高质量发展的内涵，在分析总结国外权威机构与国内学者构建指标体系的基础上，从长三角城市群实际发展情况出发，构建出长三角城市群经济发展质量评价指标体系。

（1）经济发展的创新性。创新是经济发展的第一动力，在经济活动中引入新的思想、方法、技术和模式，对提高生产力、促进产业升级、激发经济活力、提高经济竞争力和适应性、推动社会进步具有积极影响。创新驱动发展强调通过科技创新、技术进步和知识创造来推动经济增长和转型。它鼓励投资于研发、教育和创新产业，培育创新能力和创业精神，以提高经济的竞争力和增长潜力。本文对经济发展创新性的评价包含创新投入和创新产出两个方面，所选取的指标包括：科研投入强度、教育投入强度、每万人在校大学生数、新产品开发项目数、专利申请授权数。

（2）经济发展的协调性。协调是经济发展的内在要求，各个经济部门、产业、区域之间相互配合和协调，可以促进资源配置的优化和均衡，推动区域协调发展，提高经济效益，减少不平衡和不协调的问题，推动社会和谐稳定。经济发展的协调性包含以下几个方面：第一，产业结构协调，推动传统产业的升级和转型，培育新兴产业和战略性新兴产业，以及发展现代服务业等。通过合理的产业结构调整，可以提高经济的整体效益和竞争

[1] 化祥雨，金祥荣，吕海萍等. 高质量发展耦合协调时空格局演化及影响因素——以浙江省县域为例[J]. 地理科学，2021，41（02）：223-231.
[2] 樊杰，王亚飞，王怡轩. 基于地理单元的区域高质量发展研究——兼论黄河流域同长江流域发展的条件差异及重点[J]. 经济地理，2020，40（01）：1-11.
[3] 师博，任保平. 中国省际经济高质量发展的测度与分析[J]. 经济问题，2018，（04）：1-6.
[4] 殷培伟，谢攀，雷宏振. 国家中心城市经济高质量发展评价及差异分析[J]. 经济学家，2023，（03）：68-78.

力。第二，城乡发展协调，城市和农村具有不同的经济特点和优势，通过促进城乡经济的互补和协同发展，实现资源的优化配置和经济效益的提高。第三，区域发展协调，通过区域协调，可以促进地区间的均衡发展，提高整体经济效益和社会福利。同时，区域协调也有助于减少地区间的竞争和冲突，实现共同繁荣与稳定。第四，社会发展协调，经济与社会发展协调：经济和社会发展之间的协调是社会发展的基础。经济的发展应该服务于社会的进步，同时社会的稳定和公平也为经济发展提供了良好的环境。通过合理规划和实施经济政策，促进经济增长与社会发展的相互促进和协调。基于以上分析，本文在经济发展的协调性维度选取的指标包括：第三产业占比、产业结构高级化程度、就业率、第三产业就业人员占比、城镇化率、城乡居民收入比、人均 GDP 偏离度、GDP 增速偏离度。

（3）经济发展的绿色性。绿色是经济可持续发展的根基，绿色性强调经济发展与环境保护之间的协调与平衡，在经济增长过程中强调可持续发展。推动绿色发展，加强生态文明建设，提高资源利用效率，减少污染和生态破坏，推进低碳经济和可持续能源发展，实现经济增长与环境保护的良性互动。本文对经济发展绿色性的评价包含资源使用效率和环境保护两个方面，所选取的指标包括：万元 GDP 耗水、万元 GDP 耗电、万元 GDP 碳排放、工业固体废物综合利用率、城镇生活污水处理率。

（4）经济发展的开放性。开放是促进经济发展的前提，开放性经济发展强调跨国贸易、外国投资和国际合作，以促进经济增长、提高生产效率和推动技术创新。其包含：第一，贸易自由化：开放性经济发展倡导贸易自由化，即降低关税和非关税壁垒，减少贸易限制和保护主义措施。通过与其他国家建立贸易伙伴关系、签订自由贸易协定和加入国际贸易组织，国家可以扩大市场准入，促进商品和服务的交流与流动。第二，外国直接投资：开放性经济发展鼓励外国直接投资，即外国企业在国内设立或扩大投资项目。外国直接投资可以带来资金、技术和管理经验的流入，促进产业升级和经济结构调整。同时，外国直接投资也带来了就业机会和技术转移的效益。开放性经济发展可以带来许多好处，如扩大市场、促进经济增长、提高生产效率和推动技术创新。基于以上分析，本文对经济发展开放性的评价包含贸易开放和金融开放两个方面，所选取的指标包括实际利用外资总额/GDP、进出口总额/GDP。

（5）经济发展的共享性。共享是社会发展的基本原则，共享性经济发展强调社会包容、减少贫困和不平等，促进社会公正和人类福祉的提升。经济发展的共享性要求在经济增长的过程中，减少贫富差距，实现收入和财富的更加公平分配；要求加强社会保障和福利制度，确保社会各个群体能够享受到基本的社会保障和福利待遇，这包括提供普惠性的医疗保险、养老保险、失业保险等社会保障制度，以及提供教育、医疗、住房等公共服务的普及和优质化。本文在经济发展共享性维度所选择的指标包括：每万人公共图书馆藏书、职工养老保险覆盖率、每万人卫生机构床位数、平均在职职工工资、公路承运能力、铁路承运能力、民用航空承运能力。

表 5-1　经济高质量发展评价指标体系

目标层	准则层	指标层	计算方法	属性
创新性	创新投入	科研投入强度	一般公共预算科研支出/财政支出	正向
		教育投入强度	一般公共预算教育支出/财政支出	正向
		每万人在校大学生数	在校大学生数/常住人口	正向
	创新产出	新产品开发项目数	新产品开发项目数	正向
		专利申请授权数	专利申请授权数	正向
协调性	产业协调	第三产业占比	第三产业产值/GDP	正向
		产业结构高级化程度	第三产业产值增值/第二产业产值增值	正向
	社会协调	就业率	就业人员数/常住人口	正向
		第三产业就业人员占比	第三产业就业人员数/就业人员数	正向
	城乡协调	城镇化率	城镇人口/常住人口	正向
		城乡居民收入比	城镇居民收入/农村居民收入	负向
	区域协调	人均 GDP 偏离度	人均 GDP 与长三角城市群平均水平的偏离度	负向
		GDP 增速偏离度	GDP 增速与长三角城市群平均水平的偏离度	负向
开放性	金融开放	金融开放	实际利用外资总额/GDP	正向
	贸易开放	贸易开放	进出口总额/GDP	正向
绿色性	资源效率	万元 GDP 耗水	供水量/GDP	负向
		万元 GDP 耗电	供电量/GDP	负向
		万元 GDP 碳排放	碳排放量/GDP	负向
	环境保护	工业固体废物综合利用率	工业固体废物处理量/工业固体废物储存量	正向
		城镇生活污水处理率	城镇生活污水处理量/城镇生活污水排放量	正向

续表

目标层	准则层	指标层	计算方法	属性
	文化教育	每万人公共图书馆藏书	公共图书馆藏书/常住人口	正向
	社会保障	职工养老保险覆盖率	职工基本养老保险参保人数/常住人口	正向
	医疗卫生	每万人卫生机构床位数	卫生机构床位数/常住人口	正向
共享性	收入分配	平均在职职工工资	平均在职职工工资	正向
		公路承运能力	公路客运量/常住人口	正向
	交通便利	铁路承运能力	铁路客运量/常住人口	正向
		民用航空承运能力	民用航空客运量/常住人口	正向

5.2 研究范畴

城市群作为推进新型城镇化的主体形态，是未来区域发展的核心空间，已成为当今世界城市发展的主流和趋势。长三角城市群、长江中游城市群和川渝城市群作为长江经济带的核心城市群，发挥着辐射作用，推动周边地区的经济发展，并形成了长江经济带的三个主要增长极。本文研究的三大城市群及其所辖城市如表 5-2 所示。

表 5-2　长江经济带主要城市群

城市群	所辖城市
长三角城市群	上海、南京、无锡、常州、苏州、南通、盐城、扬州、镇江、泰州、杭州、宁波、嘉兴、湖州、绍兴、金华、舟山、台州、合肥、芜湖、马鞍山、铜陵、安庆、滁州、池州、宣称
长江中游城市群	武汉、黄石、鄂州、黄冈、孝感、咸宁、襄阳、宜昌、荆州、荆门、长沙、株洲、湘潭、岳阳、益阳、常德、衡阳、娄底、南昌、九江、景德镇、鹰潭、新余、宜春、萍乡、上饶
川渝城市群	重庆、成都、自贡、泸州、德阳、绵阳、遂宁、内江、乐山、南充、眉山、宜宾、广安、达州、雅安、资阳

5.3 数据来源和测度方法

本文使用的数据主要来源于《中国统计年鉴》、《中国城市统计年鉴》、各省统计年鉴、各城市统计年鉴等。本文基于信息熵理论，通过计算指标信息熵值确定权重，从而实现对指标的量化评估和排序。然后采用 TOPSIS 方法求解各测度指标与理想点相对距离并对其进行量化排序。

5.4　城市群经济发展评价

5.4.1 城市群经济水平综合评价

长江经济带作为我国最具综合优势和发展潜力的经济带之一，拥有重要的战略地位。它不仅是我国国土空间开发的关键东西轴线，也是促进东中西部地区互相合作的重要纽带。根据国家统计局公布的数据，长江经济带的总面积约为 205.23 万平方公里，人口数量约为 6 亿人，其中城镇人口达到 3.8 亿人，城镇化率为 63.33%。截至 2022 年，长江经济带地区的生产总值达到 55.98 万亿元，同比增长 3%，位居全国增速最快的地区之一。长江经济带的经济总量占据全国总量的比重为 46.5%，接近全国生产总值的一半。

根据图 5-1 所示的长江经济带三大城市群经济综合评价指数的演变趋势，三大城市群的经济综合水平存在明显差异，呈现出逐渐上升的梯度分布趋势。其中，长三角城市群的经济综合水平最高，年均值为 0.771；其次是长江中游城市群，年均值为 0.597；经济综合水平最低的是川渝城市群，年均值为 0.412。从整体趋势来看，三大城市群的经济综合指数在波动过程中呈现上升趋势。其中，川渝城市群的上升幅度最大，从 2010 年的 0.352 增长到 2021 年的 0.491，涨幅达到 39.51%。长江中游城市群的上升幅度次之，从 2010 年的 0.482 增长到 2021 年的 0.62，涨幅达到 28.59%。长三角城市群的上升幅度最小，从 2010 年的 0.616 增长到 2021 年的 0.772，涨幅为 25.37%。这些数据表明，长江经济带三大城市群的经济综合水平逐渐提高，各城市群在追求经济高质量方面采取了一系列的措施和行动。长三角城市群作为经济发展最为成熟的地区，其经济综合水平相对较高。长江中游城市群在经济发展中稳步提升，取得了显著的进展。川渝城市群虽然起点较低，但在近年来取得了较大幅度的发展，增长速度较快。这些城市群的不断发展为长江经济带的整体繁荣做出了积极贡献。

根据图 5-2 所示的 2010 年长江经济带各地区平均经济水平的空间分布，长江经济带地区存在明显的经济水平空间差异。中下游城市拥有长江黄金水道的区位和交通优势，对外开放较早，拥有更多发展机遇，经济发展水平高于上游城市；中心城市、副中心城市和直辖市作为区域政治经济中心，受到政策和资源的支持，经济发展水平高于其他城市。

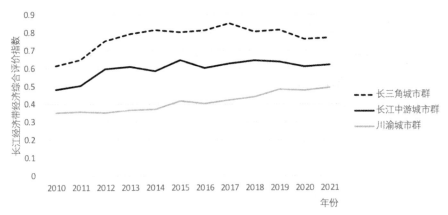

图 5-1　2010—2021 长江经济带三大城市群经济综合评价

图 5-2　2010 年长江经济带各地区平均经济水平的空间分布

　　图 5-3 展示了 2021 年长江经济带各地区平均经济水平的空间分布。从长江经济带三大城市群经济发展趋势来看，在长三角城市群，上海、苏州、杭州和南京等核心城市在产业结构调整、技术创新和国际合作方面取得了显著成就，经济发展相对成熟，带动了周边地区的经济增长，形成了一个高度联动的经济区域，推动了长三角地区的整体经济水平的提高；长江中游城市群以武汉、长沙和南昌为核心城市，这些城市在制造业、高新技术产业和服务业方面具有较强的实力和潜力，通过产业升级和创新驱动，推动了该地区的经济增长和发展；川渝城市群以重庆和成都为核心城市，随着西部大开发战略的实施，重庆和成都等城市在基础设施建设、产业发展

和区域合作方面取得了显著成果，推动了川渝地区经济的快速增长。这些核心城市通过产业带动、人才流动、市场辐射提高整个区域的经济效益和发展水平，在整个长江经济带经济发展中充分发挥引擎作用。

平均经济发展水平
0-0.25
0.25-0.5
0.5-0.75
0.75-1

图 5-3　2021 年长江经济带各地区平均经济水平的空间分布

5.4.2 城市群经济创新发展评价

图 5-4 展示了长江经济带三大城市群在主要年份的创新发展评价指数。在考察期内，长江经济带三大城市群的创新发展评价指数均值为 0.588。其中，长三角城市群的创新发展水平最高，年均值为 0.740；其次是长江中游城市群，年均值为 0.584；创新发展水平最低的是川渝城市群，年均值为 0.441。因此，可以看出三大城市群的创新发展水平存在明显差异。此外，从整体趋势来看，三大城市群的创新发展评价指数在考察期内呈现上升趋势。其中，川渝城市群的上升幅度最大，从 2010 年的 0.352 上升到 2021 年的 0.495，涨幅达到 40.59%。长江中游城市群的上升幅度次之，从 2010 年的 0.484 上升到 2021 年的 0.612，涨幅达到 26.63%。长三角城市群的上升幅度最小，从 2010 年的 0.633 上升到 2021 年的 0.767，涨幅达到 21.03%。这些数据表明，长江经济带三大城市群在创新发展方面都取得了进步，其中长三角城市群的创新发展水平相对较高，而川渝城市群的创新发展水平相对较低。在未来的发展中，可以进一步加强川渝城市群的创新能力，促进其创新发展水平的提升。同时，长江中游城市群也需要继续努力，以保持其创新发展的良好势头。总体而言，长江经济带三大城市群的创新发展评价指数的上升趋势表明该地区创新能力的增强，为经济发展和可持续发展奠定了坚实基础。

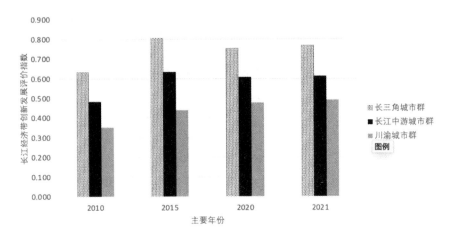

图 5-4　主要年份长江经济带三大城市群创新发展评价

长江经济带创新发展是推进高质量发展的重要战略。该战略旨在通过科技创新、产业升级和体制机制创新，实现经济增长方式的转变并促进可持续发展。在创新投入方面，2021 年长江经济带规模以上工业企业的研发经费投入达到 8538 亿元，占全国投入总量的 48.7%。而在创新产出方面，长江经济带的有效专利数量达到 71.2 万件，占全国专利数量的 42.1%。这些数据显示长江经济带正在致力于推动创新，提高技术水平，以满足经济发展的需求，在科技创新方面投入了大量资源，并取得了一定数量和质量的专利成果。

在城市群层面，长三角城市群在创新发展方面取得了显著成就。在创新投入方面，2021 年江苏省的研发人员全时当量达到 61 万人年，同比增长 13.7%；研发经费为 2716.6 亿元，同比增长 14.1%；研发项目数为 11.4 万件，同比增长 9.6%。浙江省的研发人员全时当量为 48 万人年，同比下降 10.5%；研发经费为 1591.7 亿元，同比增长 14%；研发项目数为 12.5 万件，同比增长 5.8%。安徽省的研发人员全时当量为 17 万人年，同比下降 64.5%；研发经费为 739.1 亿元，同比增长 15.6%；研发项目数为 3.4 万件，同比增长 14.8%。此外，长三角城市群高度重视高等教育发展，拥有 35 所"双一流"建设大学和 41 所"双高计划"学校，分别占全国的 25.6% 和 20.8%，其中 6 所高校进入世界前五百名，占全国高校进入世界前五百名的 35.3%。在创新产出方面，2021 年长三角城市群各地区有效发明专利数达到 50.1 万件，占全国的比例达到 29.9%，其中江苏省的有效发明专利数为 24.2 万件，同比增长

8%；浙江省的有效发明专利数为 12.1 万件，同比增长 29.7%；安徽省的有效发明专利数为 7.8 万件，同比增长 11.4%。此外，长三角城市群各地在国家科学技术奖的评选中获得了 137 项奖项，占全国的比例超过 50%。其中，一等奖获得 6 项，占全国的比例超过 40%。综上所述，长三角城市群在创新发展方面取得了显著成就。高等教育的发展和科研投入的增加为创新提供了坚实基础，科技奖项和发明专利数量的增长则反映了创新产出的积极努力。

长江中游城市群在创新发展维度也展现了较高水平。在创新投入方面，构成长江中游城市群的三大省份分别建设了三条科创走廊。2021 年，湖北省 R&D 人员全时当量为 14 万人年，同比增长 17.9%，R&D 经费为 723.6 亿元，同比增长 18.4%，R&D 项目数为 2.3 万件，同比增长 9.6%。湖北省规划建设光谷科创大走廊，以武汉东湖高新技术开发区为核心区，以光谷科技创新为驱动力，以光电信息产业、现代智能制造业为支撑，以长江为纽带，联动周边的鄂州、黄石、黄冈和咸宁等 4 个地级市而构成的，其优势产业是光电信息产业、现代化制造业和大健康产业等。2021 年，湖南省 R&D 人员全时当量为 14 万人年，同比增长 18.5%，R&D 经费为 766.1 亿元，同比增长 15.3%，R&D 项目数为 3.6 万件，同比增长 39.2%。湖南省规划建设湘江西岸科技创新走廊，核心区域包括长沙岳麓区大学城以及长株潭城市圈的三个国家高新区和三个国家级经济开发区。该科技创新走廊以中南大学、湖南大学、国家超算中心以及"种业硅谷"等科技支持机构为技术支撑，重点发展智能制造、种业和文旅产业。江西省 R&D 人员全时当量为 9 万人年，同比下降 3%，R&D 经费为 397.8 亿元，同比增长 15%，R&D 项目数为 2.4 万件，同比增长 5.5%。江西省规划建设赣江两岸科创大走廊，其优势是电子信息产业、航空产业、中医药以及新材料等产业。在创新产出方面，2021 年，湖北省有效发明专利数为 6.2 万件，同比增长 26%，湖南省有效发明专利数为 4.7 万件，同比增长 17.9%，江西省有效发明专利数为 2.2 万件，同比增长 15.9%。以上数据表明，长江中游城市群三条科创走廊的建设为创新投入提供了有力支撑，各省的研发人员数量和经费投入都呈现积极增长的趋势。与此同时，有效发明专利数的增长也表明创新产出方面的积极努力。这些创新举措将进一步推动长江中游城市群的经济发展和实现高质量发展的目标。

川渝城市群近年来得到了国家政策的支持,在区域要素流动、科技资源共建共享、联合提升产业技术创新能力和构建创新研究合作新模式等方面进行了积极探索。然而,目前川渝地区在科技资源、成果转化能力和科技创新产业等方面与目标定位还存在一定差距。在创新投入方面,2021年,重庆市的R&D人员全时当量为8万人年,同比增长20%;R&D经费为424.5亿元,同比增长13.9%;R&D项目数为1.9万件,同比增长22.5%。四川省的R&D人员全时当量为9万人年,同比增长6.1%;R&D经费为480.1亿元,同比增长12.3%;R&D项目数为2.7万件,同比增长19.8%。这些数据表明,川渝城市群对创新的重视程度和投入力度有所提升。在创新产出方面,2021年,重庆市的有效发明专利数为2.4万件,同比增长18.1%;四川省的有效发明专利数为4.9万件,同比增长16.1%。这些数据表明,川渝城市群在创新产出方面取得了一定的进展。尽管如此,川渝地区在科技资源、成果转化能力和科技创新产业等方面仍面临一定的挑战和差距。为了实现目标定位,川渝城市群需要进一步加大科技资源的整合和优化,加强科技成果的转化和商业化应用能力,并培育壮大科技创新产业。通过持续的创新投入和产出,川渝城市群将能够加快科技创新步伐,推动经济转型升级,实现更高水平的发展。

5.4.3 城市群经济协调发展评价

图5-5为长江经济带三大城市群主要年份的协调发展评价指数。考察期内长江经济带三大城市群的协调发展评价指数均值为0.585。其中,长三角城市群的协调发展水平最高,年均值为0.738;其次是长江中游城市群,年均值为0.585;共享发展水平最低的是川渝城市群,年均值为0.433。由此可见,三大城市群的协调发展水平存在显著差异。此外,从整体上看,三大城市群的协调发展评价指数在波动过程中呈现上升趋势。其中,川渝城市群的上升幅度最大,从2010年的0.355上升到2021年的0.485,涨幅达到36.43%。创江中游城市群的上升幅度次之,从2010年的0.465上升到2021年的0.63,涨幅达到35.35%。长三角城市群的上升幅度最小,从2010年的0.612上升到2021年的0.761,涨幅达到24.3%。这些数据表明,长江经济带三大城市群在协调发展方面都取得了进步,但川渝城市群的协调发

展水平相对较高，长三角城市群的协调发展水平相对较低。在未来的发展中，可以进一步加强长三角城市群的协调发展能力，促进其协调发展水平的提升。同时，长江中游城市群也需要继续努力，以保持其协调发展的良好势头。整体而言，长江经济带三大城市群的协调发展评价指数的上升趋势表明了这一地区在经济协调发展取得了积极的成果。

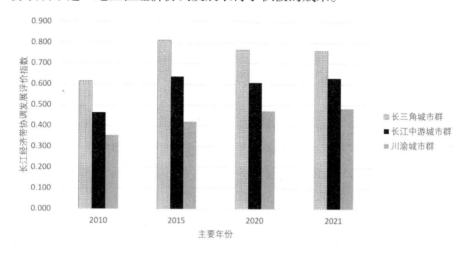

图 5-5 主要年份长江经济带三大城市群协调发展评价

长江经济带在交通网络建设、生态环境联防、打造现代产业体系和构建公共服务平台方面取得了积极进展，这些举措有助于促进区域间的协调发展，推动长江经济带成为中国经济增长的重要引擎，同时也为实现经济的可持续发展和生态环境的保护提供了有力支持。

近年来，长江经济带在完善综合立体交通运输网络方面取得了显著进展，特别是对西部地区的交通建设给予了重要关注。其中，建设西部陆海新通道是一项重要举措。西部陆海新通道由陆路和海上运输两个组成部分构成。陆路部分通过连接西部地区的内陆城市与沿海港口之间的铁路和公路，起到连接西部地区和东南沿海地区的作用。这种连接直接促进了区域间的合作与发展，加强了川渝城市群与长三角城市群和长江中游城市群之间的联系，为长江经济带的区域协调发展提供重要支持。海上部分通过重庆向南经过贵州等地，借助广西北部湾等沿海沿边口岸，通达新加坡及东盟主要物流节点，使西部地区能够更直接地与东盟国家开展贸易往来。这一举措打破了西部地区只能依靠东部沿海港口进行进出口贸易的局面，提升了西部地区在全国对外开放中的地位和影响力。这对于实现中国经济的全面发展和区域经济的均衡发展具有积极意义，同时也在一定程度上间接解决了区域间发展不均衡的问题。

近年来，长江经济带专注于加强流域生态环境联防联治工作。自 2019 年起，长三角生态绿色一体化发展示范区逐步建立了"联合河湖长制"，通过协同管理河流和湖泊，不同地区可以共同制定管理责任、保护目标和措施，实现跨区域水资源保护，减轻水污染跨区域治理的压力，形成了水资源治理的一体化良好局面。在 2020 年，《长三角生态绿色一体化发展示范区生态环境管理"三统一"制度建设行动方案》正式发布，强调在示范区内实施生态环境标准统一、环境监测统一和环境监管执法统一。通过制定统一的标准和规范，为有效解决跨区域环境问题提供了制度性保障。这些举措进一步加强了长江经济带的生态环境保护工作，保障了流域内各地的水资源安全和生态环境的可持续发展。同时，通过跨区域合作和统一管理，有效减轻了水污染治理的压力，提高了治理效率和效果。这为沿江省市的协同发展提供了良好的基础，推动了长江经济带的绿色发展和可持续发展。

近年来，长江经济带致力于打造多极支撑现代产业体系，积极推动区域间的产业集群发展和集群间的合作。在产业集群方面，长三角城市群在区域内形成了以重点制造业为核心的"大集群+小集群"的产业发展格局。在集成电路、生物医药、新能源汽车和人工智能等四大产业中，长三角地区的上市公司占比分别达到41.1%、27.6%、45.4%和28.6%。该地区拥有上海、杭州和泰州等多个国家级生物医药产业基地，其数量占全国总量的1/3。同时，在新材料产业基地方面，长三角地区的数量约占全国总量的1/3 以上。此外，该地区还拥有多个汽车产业及零部件基地，汽车产品的产量占全国比重约为 23%。这些产业集群的形成和发展，不仅推动了长三角地区经济的快速增长，也推动了长三角地区制造业向高质量和高附加值方向的转型升级。在产业集群间的合作方面，长江经济带各城市群在不同产业领域都具备一定的集聚效应和优势资源，通过加强合作与协调，实现了优势互补、资源共享和协同发展的目标。

近年来，长江经济带致力于构建城市协同发展的公共服务平台，通过建立符合规定条件的工程实验室、重点实验室、工程（技术）研究中心和企业技术中心等机构，并得到当地政府部门的专项资金资助。此外，企业、高等院校和科研机构承担了国家科技支撑计划等各类国家科技计划和项目建设，地方政府也给予了配套资金的支持。同时，长江经济带还对区域资源进行了优化升级和合理配置，促进了资源等要素的充分流动和互通有无，提高了区域资源整合能力和配置效率。逐渐消除了行政区划的障碍，通过建设技术基础平台、专业服务平台、科技中介平台和科技管理平台等多个方面，实现了跨区域资源的最优配置，加强了区域间的科技交流和合作，并积极开放区域协同的公共服务平台。

5.4.4 城市群经济开放发展评价

图 5-6 为长江经济带三大城市群主要年份的开放发展评价指数。考察期内，长江经济带三大城市群的开放发展评价指数均值为 0.592，三大城市群的创新发展水平存在显著差异。其中，长三角城市群的开放发展水平最高，年均值为 0.741。其次是长江中游城市群，年均值为 0.6。开放发展水平最低的是川渝城市群，年均值为 0.435。此外，整体趋势上，三大城市群的创新发展评价指数在波动过程中呈现上升趋势。其中，川渝城市群的上升幅度最大，从 2010 年的 0.351 上升到 2021 年的 0.491，涨幅达到 40.14%。长江中游城市群的上升幅度次之，从 2010 年的 0.482 上升到 2021 年的 0.626，涨幅达到 29.81%。长三角城市群的上升幅度最小，从 2010 年的 0.622 上升到 2021 年的 0.774，涨幅达到 24.43%。这些数据表明，长江经济带三大城市群在开放发展方面都取得了进步，但长三角城市群的开放发展水平相对较高，川渝城市群的开放发展水平相对较低。在未来的发展中，可以进一步加强川渝城市群的开放能力，促进其开放发展水平的提升。同时，长江中游城市群也需要继续努力，以保持其开放发展的良好势头。总体而言，长江经济带三大城市群的开放发展评价指数的上升趋势表明了这一地区开放程度的增强，为经济发展和国际合作提供了更多机遇和潜力。

长江经济带作为中国重要的经济增长极和对外开放窗口，在积极推进开放合作方面取得了显著的成果。长江经济带积极推动改革开放，通过降低行政壁垒、优化营商环境和加强政策支持，吸引了大量国内外企业的投资和参与。长江经济带各地区开放合作不仅促进了跨国企业的发展，还推动了技术创新和经济结构的升级，也为中国的内外贸易提供了便利条件，加强了与沿江国家和地区的经贸合作。

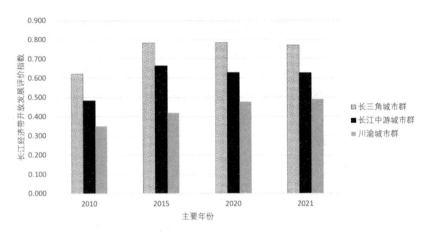

图 5-6 主要年份长江经济带三大城市群开放发展评价

在城市群层面，长三角城市群在开放发展方面表现亮眼。位于长江下游的上海港、宁波港、南京港等重要港口是对外贸易的关键枢纽，长三角城市群通过不断提升港口服务和物流效率，进一步促进了长江经济带的发展和国际贸易的便利化。在贸易自由方面，上海是长江经济带第一批建设自由贸易区的城市之一。2013 年，上海自贸试验区成立，旨在通过降低贸易壁垒、提升贸易便利化水平，促进国际贸易和投资自由化、便利化。上海自贸试验区临港着力打造"6+2"前沿产业体系，近年来，已累计签约前沿产业项目超过 500 个，涉及投资额约 5630 亿元。2017 年，浙江自贸试验区成立并致力于打造油气全产业链的核心项目，2021 年，浙江省货物进出口总额为 4.1 万亿元，同比增长 22.4%。2019 年后江苏省和安徽省相继设立自贸试验区，促进两省开放发展取得了显著成果。2021 年，江苏省货物进出口总额为 5.2 万亿元，同比增长 17.1%，安徽省货物进出口总额为 0.7 万亿元，同比增长 26.8%。在金融自由方面，近年来国际资本对长三角城市群的发展前景持乐观态度，不断增加投资。2021 年，江苏省外资投资企业注册登记 64643 户，投资总额 14309 亿美元，同比增长 4%；浙江省外资投资企业注册登记 45922 户，投资总额 6673 亿美元，同比增长 13%；安徽省外资投资企业注册登记 8490 户，投资总额 3248 亿美元，同比增长 1%。从城市实际利用外资金额情况来看，长三角城市群虽有一定的起伏波动，但总体呈现增长态势。其中，上海是目前唯一连续三年实际利用外资超过 200 亿美元的城市，杭州和苏州的外资使用水平也呈上升趋势。以上数据表明，长三角城市群在贸易自由和金融自由方面取得了显著的成果。自贸试验区的建设和外资投资的增加推动了经济的开放与发展，为长三角地区的城市带来了更多的机会和活力。长三角城市群的开放发展为中国乃至全球经济的繁荣做出了积极贡献。

长江中游城市群和川渝城市群的开放发展水平接近。近年来，长江中游城市群和川渝城市群致力于完善交通运输网络，着力于发展国际航线网络和西部陆海新通道，开拓新的国际物流运输通道。长江中游城市群已实现了武汉阳逻国际港，并使武汉至东京、武汉至釜山等航线成功运营，川渝城市群则实现了重庆果园港、长江黄金水道、中欧班列（渝新欧）、西部陆海新通道和"渝满俄"班列等四大国际物流通道的全面贯通。在贸易自由方面，长江中游城市群和川渝城市群较晚建设自由贸易区。2017年，湖北自贸试验区成立，湖北自贸试验区专注于促进光电子信息产业的聚集发展，扶持光芯片、光器件、光模块、光系统、光纤光缆等领域相关企业，目前已集聚了1.6万家光电子信息企业，并在光通讯领域实现了从产业链完整到自主可控的发展。同年，四川自贸试验区成立，四川自贸试验区着重发展口岸服务业，重点包括国际商品集散转运、分拨展示、保税物流仓储、国际货代、整车进口、以及特色金融等领域。同时，该区域也致力于发展现代服务业，包括信息服务、科技服务、会展服务等。同年，重庆自贸试验区成立，重庆自贸试验区专注于发展高端装备、电子核心部件、云计算、生物医药等新兴产业，同时也重点发展总部贸易、服务贸易、电子商务、展示交易、仓储分拨、专业服务、融资租赁、研发设计等现代服务业。2020年，湖南自贸试验区成立，推动湖南省货物进出口总额达到0.6万亿元，同比增长22.2%。江西是长江经济带唯一没有成立自由贸易试验区的地区。在金融自由方面，长江中游城市群和川渝城市群积极促进外资企业的落地。2021年，江西省外资投资企业注册登记7033户，投资总额1518亿美元，同比增长14%。湖北省外资投资企业注册登记12940户，投资总额2327亿美元，同比下降2%。湖南省外资投资企业注册登记11698户，投资总额2357亿美元，同比增长10%。四川省货物进出口总额为9520.6亿元，同比增长17.7%。从金融自由的角度来看，2021年，四川省外资投资企业注册登记14733户，投资总额2386亿美元，同比下降19%。与长三角城市群不同，长江中游城市群和川渝城市群在实际利用外资金额方面出现了巨大的起伏。

曾经跨越实际利用外资百亿门槛的重庆和成都在 2022 年经历了断崖式下跌。

5.4.5 城市群经济绿色发展评价

图 5-7 为长江经济带三大城市群主要年份的绿色发展评价。考察期内长江经济带三大城市群的绿色发展评价指数均值为 0.619。其中，川渝城市群的绿色发展水平最高，年均值为 0.642；其次是长江中游城市群，年均值为 0.632；绿色发展水平最低的是长三角城市群，年均值为 0.584。由此可见，三大城市群的绿色发展水平存在显著差异。此外，从整体上看，三大城市群的绿色发展评价指数在波动过程中呈现上升趋势。其中，长三角城市群的上升幅度最大，从 2010 年的 0.466 上升到 2021 年的 0.622，涨幅达到 33.54%。川渝城市群的上升幅度次之，从 2010 年的 0.551 上升到 2021 年的 0.705，涨幅达到 27.98%。长江中游城市群的上升幅度最小，从 2010 年的 0.532 上升到 2021 年的 0.67，涨幅达到 25.9%。这些数据表明，长江经济带三大城市群在绿色发展维度都取得了进步，其中川渝城市群的绿色发展水平相对较高，长三角城市群的绿色发展水平相对较低。在未来的发展中，可以进一步加强长三角城市群的绿色发展能力，促进其绿色发展水平的提升。同时，长江中游城市群也需要继续努力，以保持其绿色发展的良好势头。整体而言，长江经济带三大城市群的绿色发展评价指数的上升趋势表明了这一地区对环境保护和可持续发展的重视程度不断提高，为实现绿色、低碳、可持续的发展目标提供了积极的助推力量。

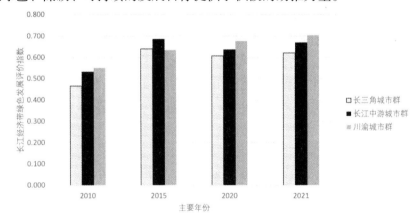

图 5-7　主要年份长江经济带三大城市群绿色发展评价

在城市群层面，长三角城市群地理位置优越，拥有发达的交通网络和良好的港口条件，使得长三角地区最早进入工业化发展，并吸引了大量的人口和资本，长期以来的高强度经济活动和集约化的工业发展使得该地区面临着严重的环境污染和环境压力，导致绿色发展水平较低。为此，长三角城市群各区省加大环境保护投入，并采取了一系列措施来减少污染和改善环境状况。长江中游城市群在生态建设和经济发展之间相对取得了较好的平衡，但是区域内各省份生态环境保护效果差距较大，跨省合作有待加强。川渝城市群地区拥有丰富的生态资源，包括大片的森林、山地、水域和自然保护区等，但是存在资源分布不均匀的问题，此外，受限于地形地势，交通建设相对困难，工业化发展相对较晚较慢，经济实力相对较弱，因此在生态环境建设方面的投入相对有限，但是，由于地貌崎岖，一些自然环境相对较难被干扰和破坏，使得川渝城市群的一些地区相对保持了较好的生态环境基础，因此保持较高绿色发展水平。

5.4.6 城市群经济共享发展评价

图 5-8 为长江经济带三大城市群主要年份的共享发展评价指数。考察期内长江经济带三大城市群的共享发展评价指数均值为 0.59。其中，长三角城市群的共享发展水平最高，年均值为 0.741；其次是长江中游城市群，年均值为 0.589；共享发展水平最低的是川渝城市群，年均值为 0.439。由此可见，三大城市群的共享发展水平存在显著差异。此外，从整体上看，三大城市群的共享发展评价指数在波动过程中呈现上升趋势。其中，川渝城市群的上升幅度最大，从 2010 年的 0.361 上升到 2021 年的 0.487，涨幅达到 34.81%。创江中游城市群的上升幅度次之，从 2010 年的 0.482 上升到 2021 年的 0.627，涨幅达到 30.02%。长三角城市群的上升幅度最小，从 2010 年的 0.616 上升到 2021 年的 0.779，涨幅达到 26.58%。这些数据表明，长江经济带三大城市群在共享发展方面都取得了进步，其中川渝城市群的共享发展水平相对较高，长三角城市群的共享发展水平相对较低。在未来的发展中，可以进一步加强长三角城市群的共享发展能力，促进其共享发展水平的提升。同时，长江中游城市群也需要继续努力，以保持其共享发展的良好势头。整体而言，长江经济带三大城市群的共享发展评价指数的上升趋势表明了这一地区在促进公平、包容和可持续发展方面的努力，为构

建共享发展的社会提供了有益的经验和启示。

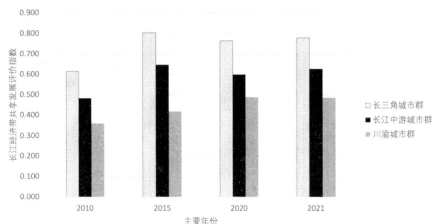

图5-8　主要年份长江经济带三大城市群共享发展评价

在城市群层面，长三角城市群在共享发展方面总体水平较高。从教育资源来看，受人口分布和行政力量的影响，教育资源主要集中在长三角城市群的直辖市和省会城市。以2021年为例，江苏省普通高中的招生人数为44.9万人，同比增长2.1%，特殊学校的招生人数为6453人，同比增长9.5%。浙江省普通高中的招生人数为28.5万人，同比增长0.5%，特殊学校的招生人数为4359人，同比增长26.3%。安徽省普通高中的招生人数为39.1万人，同比没有变化，特殊学校的招生人数为6521人，同比增长7.8%。以上数据表明，教育资源在长三角城市群内的分布相对集中。从医疗资源来看，长三角城市群的医疗资源呈现出"东重于西、重点集中"的分布特征，主要集中在上海、杭州、宁波、台州、温州、南京、南通等直辖市、省会城市和省域副中心城市。以2021年为例，江苏省城市每千人床位数为7.13张，农村每千人床位数为5.61张，城乡差值同比下降42.6%。浙江省城市每千人床位数为6.87张，农村每千人床位数为4.55张，城乡差值同比下降47.5%。安徽省城市每千人床位数为8.44张，农村每千人床位数为5.61张，城乡差值同比下降25.9%。以上数据表明，城市群内的医疗资源相对充足，但城乡之间仍存在一定差距。在交通便利方面，长三角城市群在2021年的铁路和公路客运量表现出不同的趋势。以江苏省为例，铁路每公里客运量为5.1万人/公里，同比增长29%，公路每公里客运量为1.8万人/公里，同比下降35.5%。

浙江省的铁路每公里客运量为 5.5 万人/公里，同比增长 8.8%，公路每公里客运量为 2.5 万人/公里，同比下降 37.6%。安徽省的铁路每公里客运量为 2.1 万人/公里，同比增长 14.6%，公路每公里客运量为 2.9 万人/公里，同比下降 28.5%。以上数据表明，长三角城市群的铁路客运量相对较高，而公路客运量有所下降。在社会保障方面，长三角城市群的覆盖率也呈现出一定的差异。以 2021 年为例，江苏省职工基本养老保险的覆盖率为 42.4%，同比增长 0.5%，基本医疗保险的覆盖率为 94.8%，同比增长 0.8%。浙江省城镇职工基本养老保险的覆盖率为 51.5%，同比增长 1.8%，基本医疗保险的覆盖率为 86.5%，同比增长 0.6%。安徽省城镇职工基本养老保险的覆盖率为 22.6%，同比增长 1.6%，基本医疗保险的覆盖率为 98%，同比基本没有变化。以上数据表明，各省在社会保障方面的覆盖率存在一定的差异。总体而言，长三角城市群作为中国经济发展的重要引擎之一，拥有丰富的资源和活力。各城市不断加大投资力度，推进基础设施建设、教育、医疗等领域的发展，力争提高居民的生活质量和幸福感。然而，由于地区差异和发展不平衡，仍需进一步加强合作，促进共享发展，实现长三角城市群的全面繁荣。

长江中游城市群在教育资源、医疗资源、交通便利以及社会保障方面相对于长三角城市群存在一定的差距。从教育资源来看，2021 年，江西省普通高中招生人数为 39.7 万人，同比增长 3.1%，特殊学校招生人数为 6577 人，同比下降 2.5%。湖北省普通高中招生人数为 33 万人，同比增长 5.3%，特殊学校招生人数为 4189 人，同比下降 5.7%。湖南省普通高中招生人数为 48.1 万人，同比增长 7.1%，特殊学校招生人数为 8333 人，同比增长 3.6%。可以看出，湖南省在普通高中和特殊学校的招生人数上表现较好，增幅较高。相比之下，江西省的招生人数增幅较小，特殊学校招生人数甚至有所下降。以上数据表明，长江中游城市群在教育资源的投入和发展上仍需加大努力。从医疗资源来看，2021 年，江西省城市每千人床位数为 8.62 张，农村每千人床位数为 5.81 张，城乡差值同比下降 37.3%。湖北省城市每千人床位数为 8.45 张，农村每千人床位数为 6.71 张，城乡差值同比下降 50.6%。湖南省城市每千人床位数为 10.55 张，农村每千人床位数为 7.02 张，城乡差值同比下降 54.6%。以上数据表明，湖南省在城市和农村的医疗床位数上都相对较高，而且城乡差距较小。然而，江西省和湖北省的城乡医疗床位差距仍然存在，尽管城乡差距有所减小，但仍需要进一步加大医疗资源的配置和改善。在交通便利方面，江西省铁路每公里客运量为 5.1 万人/公里，同比增长 29%，公路每公里客运量为 1.8 万人/公里，同比下降 35.5%。湖北省铁路每公里客运量为 2.2 万人/公里，同比增长 41.6%，公路每公里客运量为 2.5 万人/公里，同比下降 2.9%。湖南省铁路每公里客运量为 2.1 万人/公里，同比增长 7.9%，公路每公里客运量为 3.2 万人/公里，同比下降 16.1%。以上数据表明，湖北省的铁路客运量增长较快，而江西省和湖南省的公路客运量则有所下降。这表明长江中游城市群在公路交通发展方面还存在一定的挑战，需要加强公路建设和提升客运能力。在社会保障方面，2021 年，江西省职工基本养老保险覆盖率为 27.6%，同比增长 1.8%，基本医疗保险覆盖率为 98%，同比基本没有变化。湖北省职工基本养老保险覆盖率为 46.5%，同比增长 2.1%，基本医疗保险覆盖率为 95.2%，同比增长 0.8%。湖南省职工基本养老保险覆盖率为 34.8%，同比增长 1.5%，基本医疗保险覆盖率为 97.5%，同比增长 0.7%。以上数据表明，湖北省在职工基本养老保险和基本医疗保险的覆盖率上相对较高，而且保持了一定的增长。湖南省的覆盖率也较为理想，尽管增长幅度较小。然而，江西省的职工基本养老保险覆盖率较低，虽然有一定的增长，但仍需要进一步提高覆盖率。综上所述，长江中游城市群应加大教育资源的投入和发展，提高普通高中和特殊学校的招生人数。同时，需要进一步加大医疗资源的配置和改善，缩小城乡医疗床位差距。在交通方面，应加强公路建设和提升客运能力，以提供更便利的交通服务。另外，还应加强社会保障体系建设，提高职工基本养老保险的覆盖率。通过这些努力，长江中游城市群可以缩小与长三角城市群在教育、医疗、交通和社会保障等方面的差距，实现更加全面的发展。

川渝城市群共享发展水平较低。从教育资源来看，重庆市普通高中招生人数为 21.8 万人，同比增长 0.1%，特殊学校招生人数为 4399 人，同比下降 1.6%，四川省普通高中招生人数为 49 万人，同比增长 3.4%，特殊学校招生人数为 10919 人，同比下降 8%。从医疗资源来看，2021 年，重庆市城市每千人床位数为 7.1 张，农村每千人床位数为 8.99 张，城乡差值同比

下降 134.7%，四川省城市每千人床位数为 8.7 张，农村每千人床位数为 7.26
张，城乡差值同比下降 43.3%。在交通便利方面，2021 年，重庆市铁路每
公里客运量为 2.8 万人/公里，同比增长 24%，公路每公里客运量为 5.9 万人
/公里，同比下降 18.5%，四川省铁路每公里客运量为 2.5 万人/公里，同比
增长 18.2%，公路每公里客运量为 4.2 万人/公里，同比基本没有变化。在社
会保障方面，2021 年，重庆市职工基本养老保险覆盖率为 42.2%，同比增
长 4.7%，基本医疗保险覆盖率为 99%，同比基本没有变化，四川省城镇职
工基本养老保险覆盖率为 38%，同比增长 4.2%，基本医疗保险覆盖率为 98%，
同比同比基本没有变化。以上数据显示，川渝城市群在教育、医疗、交通
和社会保障方面存在一些挑战。在教育资源方面，重庆市和四川省的普通
高中招生人数相对较高，但特殊学校的招生人数下降较多，可能需要关注
特殊教育资源的供给。在医疗资源方面，城乡之间的差距有所减小，但仍
需要进一步加强农村地区的医疗资源建设。交通便利方面，重庆市铁路客
运量增长较快，但公路客运量下降，可能需要加强公路交通的改善。在社
会保障方面，保险覆盖率有所提高，但仍有改进的空间。综上所述，为了
促进共享发展，可以加大对特殊教育资源的投入，确保特殊需求学生的教
育权益得到保障；加强农村地区的医疗资源建设，提高医疗服务的均等性；
继续改善交通基础设施，特别是公路交通，提高交通便利性；进一步提高
社会保障覆盖率，包括增加城镇职工基本养老保险的覆盖范围和提高基本
医疗保险的质量。

5.5　主要结论

　　长江经济带三大城市群的经济综合水平逐渐提高，各城市群在追求经
济高质量方面采取了一系列的措施和行动。长三角城市群作为经济发展最
为成熟的地区，其经济综合水平相对较高。长江中游城市群在经济发展中
稳步提升，取得了显著的进展。川渝城市群虽然起点较低，但在近年来取
得了较大幅度的发展，增长速度较快。这些城市群的不断发展为长江经济
带的整体繁荣做出了积极贡献。

　　长江经济带地区，作为我国经济发展的重要战略区域，其内部经济水

平的空间差异是显而易见的。这种差异的形成，既受到自然地理条件的影响，也与历史发展进程和政策导向密不可分。

中下游城市，凭借长江黄金水道的天然区位和交通优势，自古以来便是商贸往来的繁华之地。这些城市对外开放较早，得以更早地接触到国际市场的脉动，从而拥有了更多的发展机遇。因此，在经济发展水平上，它们自然而然地领先于上游城市。而中心城市、副中心城市和直辖市，作为区域的政治经济中心，更是受到了国家政策和资源的重点倾斜。这些城市在基础设施建设、产业布局、科技创新等方面都取得了显著优势，其经济发展水平自然也是高居榜首。

当我们把目光投向长江经济带三大城市群的经济发展趋势时，不难发现，每个城市群都有其独特的发展动力和亮点。长三角城市群以上海、苏州、杭州和南京等核心城市为代表，这些城市在产业结构调整、技术创新和国际合作方面取得了举世瞩目的成就。它们以高度开放的姿态拥抱世界，不断吸引国内外优质资源汇聚于此，形成了一个高度联动的经济区域。这种联动效应不仅带动了周边地区的经济增长，也推动了长三角地区的整体经济水平迈上了新的台阶。

长江中游城市群则以武汉、长沙和南昌为核心城市。这些城市依托雄厚的工业基础和丰富的人才资源，在制造业、高新技术产业和服务业方面展现出了强大的实力和巨大的潜力。通过产业升级和创新驱动，它们成功推动了该地区的经济增长和发展，使得长江中游地区在全国经济版图中的地位日益凸显。

川渝城市群以重庆和成都为核心城市，随着西部大开发战略的深入实施，这些城市在基础设施建设、产业发展和区域合作方面取得了显著成果。它们充分发挥自身的地域优势和政策优势，积极承接东部地区的产业转移，同时加强与周边地区的经贸合作，推动了川渝地区经济的快速增长。

这些核心城市在长江经济带经济发展中发挥着举足轻重的作用。它们通过产业带动、人才流动和市场辐射等方式，不断提高整个区域的经济效益和发展水平。在未来的发展中，这些核心城市将继续发挥引擎作用，引领长江经济带实现更高质量、更可持续的发展。

第6章 长江经济带城市群社会高质量
发展评价

社会发展的基本内涵是指随着经济的发展而持续取得社会进步，从而可以为人民群众提供更优质的社会服务和民生保障，促进更加公平公正的社会财富分配，更大限度地激发社会活力，打造更加包容和谐的社会关系，推动更加稳定的社会运行机制等，最终满足人民更幸福更美好生活需要。

在过去相当长的一段时期中，一些发展中国家由于资源不足往往优先选择发展经济，从而忽视了社会公平等社会发展目标，导致社会发展水平长期偏低，经济与社会发展逐渐失衡。后在联合国等组织的倡导下，许多发展中国家开始重视经济社会协调发展，进而提升了社会发展力度。过去几十年来，中国在社会发展方面大致呈现出一个"正反合"的发展历程。改革开放前，在计划经济体制的作用下，社会平等在我国得到了足够的重视，从而使得社会发展取得显著成效，但由于经济发展水平较低，社会发展总体质量不太理想。改革开放后，我国以经济建设为中心并取得丰硕的经济发展成果，但对社会发展缺乏重视，导致社会发展水平相对不足，从而带来收入分配差距越来越大，社会服务供给不足等一系列问题。

进入21世纪后，尤其是党的十八大以来，政府着力推进共同富裕以及高质量发展战略，采取有力措施优化社会服务和民生保障，促进社会公平，在社会发展方面不断取得突出成果。

高质量发展是新发展阶段的必然要求，也是实现中国式现代化的基本路径。中国式现代化建设不仅着眼于经济领域的高质量发展，还要求社会领域等方面的高质量发展。鉴于此，本章在准确把握社会发展内涵的基础上，构建全面客观的社会发展评价指标体系，采用熵权TOPSIS法测度长江经济带城市群社会发展水平，并对其时空演变特征与规律以及区域差异进行刻画。

6.1 长江经济带城市群社会发展评价指标体系

6.1.1 指标体系构建

本章遵循指标体系构建的科学性、可操作性、导向性、系统性等原则，在刘玉博和王振（2020）、张芳和袁嫄（2021）、万广华和吕嘉滢（2021）、袁晓玲等（2022）等研究的基础上，结合基础数据的可得性，从医疗卫生、文化教育、人民生活、社会保障及城市设施五大维度构建了长江经济带城市群社会发展测度指标体系（见表 6-1）。具体指标设计构思如下：第一，医疗卫生服务体系的完善程度关系到公民健康水平，因此医疗卫生指标的选取从反映地区的基本医疗条件出发，涉及医疗卫生资金投入力度以及公共医疗设施的基本供给。第二，文化教育指标衡量了公民的全面发展，社会发展以公民的全面发展为出发点和落脚点，因此采用人均教育投入、中小学师生比以及万人在校大学生数反映居民教育资源供给状况，以人均公共图书馆藏书量衡量居民文化资源供给状况。第三，人民生活方面，从收入、消费结构以及就业三个方面考察居民生活质量，采用城镇居民人均可支配收入反映居民收入水平，以城镇居民恩格尔系数衡量居民消费结构，以城镇登记失业率反映就业情况。第四，社会保障是增进民生福祉和维护社会稳定的重要手段，因此采用人均社会保障和就业投入来衡量政府对民生改善的重视程度，采用养老保险参保率和医疗保险参保率来反映基本社会保险覆盖率。第五，城市设施水平也是反映城市社会发展的重要指标，在此采用人均城市道路面积、人均公园绿地面积和万人拥有公共汽车数三个指标表征城市设施完善水平。

表 6-1 长江经济带城市群社会发展评价指标体系

一级指标	二级指标	具体测度	指标方向
医疗卫生	人均医疗卫生投入	医疗卫生财政经费支出/常住人口	正向
	万人卫生机构床位数	卫生机构床位数/常住人口	正向
	万人医师数	执业医师数/常住人口	正向
文化教育	人均教育投入	教育经费财政支出/常住人口	正向
	中小学师生比	中小学学生/中小学专职教师	负向
	万人在校大学生数	高校在校学生数/常住人口	正向
	人均公共图书馆藏书量	公共图书馆藏书量/常住人口	正向

续表

一级指标	二级指标	具体测度	指标方向
人民生活	城镇居民人均可支配收入	/	正向
	城镇登记失业率	/	负向
	城镇居民恩格尔系数	城镇居民人均食品支出/人均生活消费支出	负向
社会保障	人均社会保障和就业投入	社会保障和就业财政支出/常住人口	正向
	养老保险参保率	城镇职工基本养老保险参保人数/城镇从业人员数	正向
	医疗保险参保率	城镇职工基本医疗参保人数/城镇从业人员数	正向
城市设施	人均城市道路面积	城市道路面积/常住人口	正向
	人均公园绿地面积	城市公园绿地面积/常住人口	正向
	万人拥有公共汽车数	城市公共汽车数/常住人口	正向

6.1.2 数据来源

根据国务院分别于 2015 年和 2016 年批准发布的长江中游、长江三角洲以及成渝城市群发展规划，选取 2010—2021 年长江经济带三大城市群 70 个城市（其中长三角 26 个、长江中游 28 个、成渝 16 个）[①]的相关数据。数据来源于《中国区域统计年鉴》、《中国城市统计年鉴》、EPS 数据库、各省市统计公报及统计年鉴。

6.2　长江经济带城市群社会发展测度

6.2.1 测度方法

评价方法的选择也是影响评价结果是否准确可靠的重要一环，本章充分利用熵权法和 TOPSIS 法的优势，将两者相结合，一方面排除主观因素的干扰，采用客观方法对指标进行赋权；另一方面，可比较各测度对象与正、负理想解的接近程度来量化排序。采用熵权 TOPSIS 法对长江经济带三大城市群社会发展指数进行综合测算的具体实施步骤如下：

第一步，根据评价指标体系构建初始数据矩阵。

假设共有 m 个评价对象，n 个评价指标，时间一共 T 年，a_{ijt} 为第 i 个

[①] 湖北潜江、天门以及仙桃因数据缺失严重，暂不纳入本章的研究中。

对象在第 t 年的第 j 个指标（$i=1,2...,m; j=1,2,..,n; t=1,2,...,T$），则初始数据矩阵为：

$$A = a_{(ijt)mT \times n} = \begin{bmatrix} a_{111} & a_{121} & \cdots & a_{1n1} \\ \vdots & \vdots & \vdots & \vdots \\ a_{m1T} & a_{m2T} & \cdots & a_{mnT} \end{bmatrix}$$

第二步，运用极差法对原始数据进行标准化，以消除不同量纲差异。

正向指标标准化：$z_{ijt} = \dfrac{a_{ijt} - min(a_j)}{max(a_j) - min(a_j)}$

负向指标标准化：$z_{ijt} = \dfrac{max(a_j) - a_{ijt}}{max(a_j) - min(a_j)}$

第三步，熵权法确定权重。

计算对象 i 在 t 年的第 j 个指标值占指标 j 取值总和的比重 p_{ijt}（即指标归一化处理）：

$$p_{ijt} = z_{ijt} / \sum_{t=1}^{T}\sum_{i=1}^{m} z_{ijt}$$

计算每个指标的信息熵 e_j：$e_j = -\dfrac{1}{ln(m \times T)}\sum_{t=1}^{T}\sum_{i=1}^{m} p_{ijt} ln p_{ijt}$

计算各指标权重：$w_j = (1-e_j) / \sum_{j=1}^{n}(1-e_j)$

第四步，构建加权矩阵。

$$Y = w_j \times Z_{ijt} = \begin{bmatrix} y_{11} & y_{12} & \cdots & y_{1n} \\ y_{21} & y_{22} & \cdots & y_{2n} \\ \vdots & \vdots & & \vdots \\ y_{m1} & y_{m2} & \cdots & y_{mn} \end{bmatrix}$$

第五步，计算各指标的正理想解 S_j^+ 和负理想解 S_j^-。

$$S_j^+ = (maxy_{i1}, maxy_{i2}, ..., maxy_{in})$$

$$S_j^- = (miny_{i1}, miny_{i2}, ..., miny_{in})$$

第六步，计算各评价对象与正理想解 S_j^+、负理想解 S_j^- 的欧式距离 Q_i^+、Q_i^-。

$$Q_i^+ = \sqrt{\sum_{j=1}^{n}(S_j^+ - y_{ij})^2}$$

$$Q_i^- = \sqrt{\sum_{j=1}^{n}(S_j^- - y_{ij})^2}$$

第七步，计算各评价对象与理想方案的相对贴近度 D_i，即各测算对象的综合评分值，D_i 值越大说明地区 i 的社会发展水平越高，反之，地区 i 的的社会发展水平越差。

$$D_i = Q_i^- / (Q_i^+ + Q_i^-) \quad (0 \le D_i \le 1, i = 1, 2, ..., m)$$

6.2.2 指标权重

基于表6.1的评价指标体系以及上文所述测算方法，得到如表6-2所示的长江经济带城市群社会发展评价体系的各指标权重。结果显示，各项指标权重系数之间差异较大，表明各项指标对长江经济带社会发展的重要程度不同。

从一级指标来看，社会保障和文化教育对三大城市群社会发展的贡献分别达到 36.8% 和 30.2%，两者占比合计超过 60%，说明长江经济带城市群社会发展主要受社会保障和文化教育水平影响；而人民生活对三大城市群社会发展贡献度较低，权值比重在 10% 以下。

二级指标中，医疗保险参保率（0.227）对三大城市群社会发展的贡献度最高，说明医疗保险参保率对三大城市群社会发展起主要影响作用；万人在校大学生数（0.121）和人均公共图书馆藏书量（0.114）的贡献度较高，说明两者对社会发展具有重要作用；中小学师生比（0.014）和城镇登记失业率（0.014）的权重占比最低，反映了两者对社会发展的影响程度最小。

表 6-2　长江经济带城市群社会发展指标权重

一级指标	权重	二级指标	权重
医疗卫生	0.112	人均医疗卫生投入	0.038
		万人卫生机构床位数	0.034
		万人医师数	0.040
文化教育	0.302	人均教育投入	0.053
		中小学师生比	0.014
		万人在校大学生数	0.121
		人均公共图书馆藏书量	0.114
人民生活	0.098	城镇居民人均可支配收入	0.062
		城镇登记失业率	0.014
		城镇居民恩格尔系数	0.022
社会保障	0.368	人均社会保障和就业投入	0.052
		养老保险参保率	0.089
		医疗保险参保率	0.227
城市设施	0.119	人均城市道路面积	0.031
		人均公园绿地面积	0.024
		万人拥有公共汽车数	0.064

6.3　长江经济带城市群社会发展测度结果分析

6.3.1 社会发展总体评价

　　根据上文所述测度方法，得到长江经济带三大城市群 2010—2021 年的社会发展水平综合得分，见图 6-1。结果显示，2010—2021 年长江经济带城市群社会发展水平总体呈现出上升的发展趋势，从 2010 年的 0.15 上升到 2021 年的 0.24，长期趋势显著。仔细观察可发现，期间发展过程可分为"缓慢上升—平稳波动—较快增长"三个阶段。第一阶段是从 2010 年的 0.15 上升到 2013 年的 0.17，增长了 13.33%；第二阶段是从 2014 年到 2016 年，社会发展水平保持平稳向好态势；第三阶段是从 2017 年的 0.19 上升到 2021 年的 0.24，社会发展水平较之前增速加快，增长了 26.3%。

　　分区域来看，2010—2021 年，三大城市群社会发展综合指数整体均呈上升趋势，其中，长三角城市群从 2010 年的 0.164 上升到 2021 年的 0.277，增幅达 68.8%；长江中游城市群从 2010 年的 0.116 上升到 2021 年的 0.209，增幅达 80.3%；成渝城市群从 2010 年的 0.157 上升到 2021 年的 0.221，幅度达 40.6%；由此可见，长江中游城市群社会发展初始水平虽最低，但增长速度却最快。考察期内，长三角、长江中游以及成渝城市群社会发展水平年均值依次为 0.217、0.161、0.193，社会发展水平最高的为长三角城市群，其次是成渝城市群，最低的是长江中游城市群，且城市群社会发展区域水平差异较为显著，呈现出明显的梯度分布态势。此外，2010—2013 年期间，长三角城市群和成渝城市群社会发展水平几乎一致，但 2014 年之后两者差距逐渐扩大，成渝城市群的增长速度较为缓慢且有下降趋势；长江中游城市群由于增长速度最快，2021 年时，其社会发展水平已接近成渝城市群。

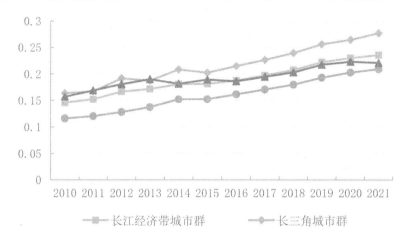

图 6-1　2010-2021 年长江经济带三大城市群社会发展水平

6.3.2 社会发展分维度评价

根据长江经济带 70 个城市社会发展指数 5 个一级维度指标得分的测度结果，计算出三大城市群医疗卫生、文化教育、人民生活、社会保障以及城市设施这五个一级维度指标的得分，以便更全面地分析各城市群社会发展的情况及优劣势，从而有利于发现不同城市群在社会发展中的问题，从而扬长补短。由图 6-2（a）可知，长三角城市群在 2015 年之前，城市设施位于最外圈，得分在 0.400 左右，在 5 个维度中具有明显的发展优势，但 2017 年之后，人民生活维度不断攀升，呈现向外扩展趋势，从而超越城市设施处于领先地位；社会保障始终处于最内圈，即得分最低。根据图 6-2（b），长江中游城市群各维度分布相对其他城市群更为均衡，并且与长三角城市群存在一定的相似性，都表现为考察期内社会保障始终处于最内圈，即 5 个维度中的最低水平；2010—2014 年，城市设施处于领先地位，但 2014 年之后，医疗卫生和人民生活迅速攀升，并在 2017 年之后超过城市设施。

由图 6-2（c），成渝城市群与其他两个城市群具有显著的区别，社会保障不仅不是最低水平，而且在 2016—2019 年，社会保障在 5 个维度中还处于领先地位；在大部分年份，5 个维度中，医疗卫生发展具有明显的优势，文化教育水平最为薄弱。可见，长三角和长江中游城市群社会发展的短板主要在于社会保障方面，而成渝城市群社会发展的短板主要在于文化教育方面。

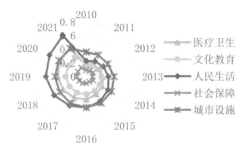

（a）长三角

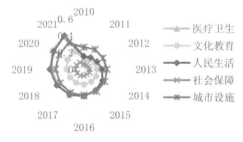

（b）长江中游

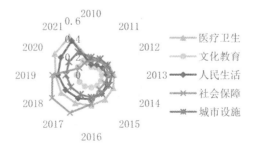

（c）成渝

图 6-2　2010-2021 年三大城市群社会发展各维度得分变化趋势

结合各城市群五个一级维度指标 2010-2021 年间的平均得分来进一步了解其各自社会发展综合指数变动在具体层面的传导情况，结果如表 6-3 所示。医疗卫生维度方面，长三角城市群的指标均值最高（0.323），其次是成渝城市群（0.320），最低的是长江中游城市群（0.294），由此可以看出，医疗卫生水平与经济发展具有相关性，经济越发达的地区，其医疗卫生水平相对越高；文化教育、人民生活和城市设施这三个维度方面，得分最高的均是长三角城市群，其次是长江中游城市群，最低的是成渝城市群，表明经济发展水平越高的城市群，其内部在文化教育、人民生活以及城市设施方面的发展水平相对于经济发展水平落后的城市群更好；社会保障维度方面，表现最好的是成渝城市群（0.263），其次是长三角城市群（0.113），最后是长江中游城市群（0.078），可能的原因是国家实行的西部扶持政策加大了西部地区社会保障支持力度，从而提升了西部地区的公共服务和社会保障水平。总体而言，各维度指标大都呈现出"东部高、中西部低"的地区非均衡性。

表 6-3　长江经济带城市群各维度综合得分

城市群	医疗卫生	文化教育	人民生活	社会保障	城市设施
长三角	0.323	0.256	0.444	0.113	0.431
长江中游	0.294	0.179	0.300	0.078	0.307
成渝	0.320	0.137	0.260	0.263	0.247
长江经济带	0.310	0.198	0.345	0.134	0.339

6.3.3 三大城市群核心城市社会发展对比分析

城市群核心城市集聚各类优质资源，发展优势明显，同时具有较强的辐射能力，也会带动周边城市发展。通过对长江经济带三大城市群核心城市的社会发展水平进行对比分析，有助于明确核心城市社会发展水平提升的障碍因素。

6.3.3.1 长三角城市群核心城市

根据图 6-3，长三角四个核心城市社会发展水平综合得分排序为"南京>上海>杭州>合肥"，其中南京综合得分是上海的 1.14 倍，是杭州的 1.18 倍，是合肥的 1.54 倍，上海和杭州之间的差距程度最小。

从各一级指标维度来看，四个核心城市在五个维度方面的得分也具有明显差异。其中，在医疗卫生方面，4 个核心城市得分从高到低依次为杭州、上海、南京、合肥，杭州得分是上海的 1.2 倍，是南京的 1.24 倍，是合肥的 1.5 倍，上海和南京的差距很小；在文化教育方面，南京处于明显领先地位，其次是上海，再次是杭州，最后是合肥，且南京是合肥的 1.74 倍，上海和杭州的差异较小，；在人民生活方面，上海位列第一，杭州紧随其后，然后是南京，最后是合肥，杭州和南京的差异较小；在社会保障方面，得分从高到低依次为上海、杭州、南京、合肥，且上海、杭州和南京三个城市的差异不大，但合肥明显落后较多；在城市设施方面，南京也具有较大的优势，其得分是上海的 1.54 倍，是杭州的 1.29 倍，是合肥的 1.2 倍。可见，正是因为南京在文化教育和城市设施方面的突出优势，使得其社会发展在四个城市中表现最好，上海作为综合实力最强的城市之一，社会发展水平也紧随南京之后，杭州稍逊于上海，合肥排名最后。

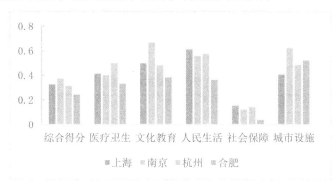

图 6-3　长三角核心城市社会发展及各维度得分

6.3.3.2 长江中游城市群核心城市

由图 6-4，武汉在长江中游三个核心城市中社会发展综合得分最高（0.329），其次是南昌（0.307），最后是长沙（0.300），可见三者综合得分差异较小，且长沙和南昌的差距几乎可以忽略。

从各一级指标维度来看，在医疗卫生方面，三个城市得分排序为：长沙>武汉>南昌，其得分分别为 0.473，0.456，0.356，武汉和长沙差距很小，南昌则要稍落后一些；在文化教育方面，武汉位列第一（0.523），其次是南昌（0.504），最后是长沙（0.492），三者差异程度较小，武汉由于其高校林立，在校大学生数量高居全国第一，使得其在文化教育方面有一定的优势；在人民生活方面，得分从高到低依次为长沙、武汉、南昌，其得分分别为

0.492，0.405，0.357，三个城市的得分相差不大；在社会保障方面，武汉得分为 0.151，领先于长沙（0.058）和南昌（0.050），长沙和南昌的社会保障水平几乎相当；在城市设施方面，武汉得分为 0.566，处于明显领先地位，长沙和南昌得分均为 0.389；综上可以发现，武汉在文化教育、社会保障和城市设施方面均高于长沙和南昌，而在医疗卫生和人民生活方面，长沙的发展又居三者之首。

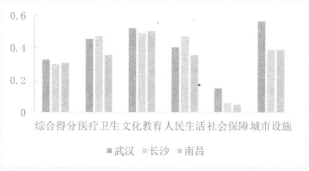

图 6-4　长江中游核心城市社会发展及各维度得分

6.3.3.3 成渝城市群核心城市

根据图 6-5，成都在成渝城市群两个核心城市中综合得分为 0.237，高于重庆（0.166），成都综合得分是重庆的 1.42 倍。

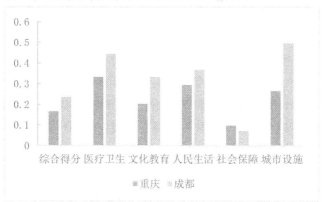

图 6-5　成渝核心城市社会发展及各维度得分

从各一级指标维度来看，成都和和重庆两个核心城市在多个指标上有明显差异。在医疗卫生方面，成都得分为 0.445，重庆为 0.333，成都是重庆的 1.33 倍；在文化教育方面，成都得分为 0.333，重庆为 0.203，成都是重庆的 1.64 倍；在人民生活方面，成都和重庆得分分别为 0.368，0.295，成都是重庆的 1.25 倍；在社会保障方面，重庆（0.098）表现优于成都（0.072）；在城市设施方面，成都得分为 0.497，重庆为 0.266，成都是重庆的 1.87 倍；综上可以发现，成都在医疗卫生、文化教育、人民生活和城市设施这四个方面的表现均好于重庆，从而其社会发展综合得分高于重庆，两者在城市设施水平上差距最大。

6.4 三大城市群社会发展区域差异分析

由上文分析可知，长江经济带城市群社会发展水平存在一定的地区差距，为揭示区域差距大小及其来源，借鉴 Dagum 基尼系数方法测算 2010-2021 年长江经济带城市群社会发展水平的区域差异并予以分解。

Dagum 基尼系数是由 Dagum 于 1997 年提出的，该方法能够有效避免样本数据集之间的信息交叉重叠且无法解释总体差异来源的问题，因而被诸多学者用于刻画地区发展不平衡问题。区域内基尼系数越大，表示城市群内各城市社会发展水平差距越大；区域内基尼系数越小，反映出城市群内各城市社会发展水平越接近。

（1）城市群社会发展总体差异。表 6-4 报告了 2010—2021 年长江经济带城市群总体层面社会发展水平的区域差异及其演变特征。从长江经济带城市群总体层面来看，总体基尼系数均值为 0.199，并在 0.134~0.239 范围内波动，呈现出一定的空间非均衡特征，但变动趋势不大，且整体差异程度较低。从总体差异的变化趋势来看，长江经济带城市群社会发展水平的基尼系数呈现出"下降—上升—下降"的演变态势。具体来看，2010 年基尼系数为 0.227，随后逐步下降到 2015 年的 0.180，年均降幅为 5.22%，表明此阶段内社会发展水平不均衡的现象有所缓解，区域差异呈缩小趋势；但 2015 年之后的 2 年，基尼系数又呈现上升趋势，到 2017 年增至 0.239，年均增幅达 16.39%；2017 年之后，基尼系数开始下降到 2021 年的最低点 0.134，年均降幅为 19.59%。整体上看，2010 年到 2021 年长江经济带城市群社会发展水平存在一定波动，但仍处于下降状态，表明社会发展水平落后的地区正不断追赶发展水平较高的地区，从而使得总体差异正在逐步缩小。

（2）城市群内部社会发展差异。表6-4反映了长江经济带城市群社会发展水平区域内差异及其演变特征。从演变趋势来看，可以发现，三大城市群内部差异和总体基尼系数的变化趋势具有显著区别。首先，长三角城市群基尼系数介于0.121~0.205之间，2010—2014年显著下降，2014-2016年温和震荡，2016—2021年再次显著下降，年均降幅为6.31%，表明长三角地区社会发展水平的内部差异在逐步下降；其次，长江中游地区的基尼系数从2010年的最高点0.245逐步下降到2021年的最低点0.121，年均降幅达9.32%，表明观测期内长江中游城市群的内部差异呈现出不断缩小的趋势；最后，成渝城市群的基尼系数在考察期内表现为"缓慢上升—小幅波动—大幅上升—显著下降"的过程，但总体下降，年均降幅为7.11%，表明观测期内成渝城市群的内部差异呈现出先扩大后缩小的趋势。从年度均值来看，2010—2021年长江经济带城市群内部社会发展水平的差异均值呈现"长江中游>长三角>成渝"特征，即长江中游地区社会发展水平不平衡程度最高，长三角地区次之，最后是成渝地区。从波动幅度来看，三大城市群的基尼系数相比考察期初均有所下降，即三大城市群的内部差异均呈现缩小态势，但长江中游地区的基尼系数波动幅度最大，其次是成渝地区，长三角地区基尼系数的变动最为平缓。总之，对比三大城市群可以发现，长江中游地区社会发展水平的区域内差异最大，长三角地区次之，成渝地区最小，表明长江中游城市群社会发展不平衡最为严重，而成渝城市群社会发展协同性最好，可能的原因是，相比于长江中游地区，长三角地区经济发展水平较高，从而能提供更优质的公共服务以及更大的社会保障支持力度，而成渝城市群地处西部，在社会保障方面受到更多的政策倾斜与照顾。

表6-4　长江经济带城市群总体及区域内基尼系数

年份	总体	群内差异		
		长三角	长江中游	成渝
2010	0.227	0.205	0.245	0.098
2011	0.216	0.191	0.227	0.100
2012	0.220	0.191	0.220	0.101
2013	0.196	0.174	0.199	0.090
2014	0.187	0.163	0.196	0.094
2015	0.180	0.172	0.180	0.089
2016	0.214	0.163	0.174	0.184
2017	0.239	0.162	0.165	0.110

年份	总体	群内差异		
		长三角	长江中游	成渝
2018	0.233	0.158	0.152	0.110
2019	0.202	0.149	0.157	0.095
2020	0.137	0.124	0.122	0.052
2021	0.134	0.121	0.114	0.055
均值	0.199	0.164	0.179	0.098

（3）城市群间社会发展差异。表6-5刻画了长江经济带城市群社会发展区域间差异及其演变特征。从演变过程看，长三角—长江中游的区域间差异在考察期初即2010年为最大值0.254，之后呈现出持续下降态势，到2021年下降到最小值0.146，年均降幅为6.73%；长三角—成渝的区域间差异表现为"下降—波动—上升—下降"的演变特征，2010年基尼系数为0.170，到2013年逐步下降至0.146，2013—2015年在0.146~0.148范围内波动，2015年之后，基尼系数上升到2017年的0.205，之后呈持续下降至2021年的0.127，整体呈下降趋势，年均降幅为2.30%；长江中游—成渝城市群的区域间差异呈现为"下降—上升—下降"的演变态势，2010年—2015年，基尼系数从0.224持续下降到0.170，2015年之后的2年，又迅速攀升，到2017年增至最高点0.266，2017年之后，大幅下降到2021年的最低点0.096，总体呈下降趋势，年均降幅为6.82%；总而言之，三大城市群两两之间的差异均呈缩小趋势。横向对比来看，2010—2015年以及2020-2021年，长三角—长江中游的区域间差距最大，长江中游—成渝次之，长三角—成渝最小；2016—2019年，长江中游—成渝的区域间差异最大，其次是长三角—长江中游，最低的是长三角—成渝。可以发现考察期内长三角—成渝社会发展水平的区域间差异最小。

表6-5 长江经济带三大城市群区域间基尼系数

年份	长三角—长江中游	长三角—成渝	长江中游—成渝
2010	0.254	0.170	0.224
2011	0.238	0.161	0.219
2012	0.244	0.163	0.216
2013	0.214	0.146	0.198
2014	0.208	0.148	0.175
2015	0.199	0.146	0.170
2016	0.192	0.189	0.236
2017	0.188	0.205	0.266

续表

年份	长三角—长江中游	长三角—成渝	长江中游—成渝
2018	0.180	0.200	0.260
2019	0.180	0.160	0.223
2020	0.150	0.128	0.101
2021	0.146	0.127	0.096
均值	0.199	0.162	0.199

（4）城市群社会发展区域差异来源及其分解。表 6-6 揭示了长江经济带城市群社会发展区域差异的来源及其贡献。从贡献率变化趋势来看，考察期内区域间差异贡献率总体上表现出波动上升态势，由 2010 年的 35.271%上升至 2021 年的 50.302%，年均增幅为 3.87%；区域内差异贡献率总体上呈现微降趋势，由 2010 年的 30.763 降至 2021 年的 28.793%，年均降幅为 0.62%；超变密度贡献率呈现出波动下降态势，从 2010 年的 33.967%下降至 2021 年的 20.905%，年均降幅为 5.68%，其波动幅度高于区域内和区域间的波动幅度。从贡献率数值大小来看，2010—2021 年，区域间差异贡献率始终大于另外两者，尤其是 2016 年之后，区域间差异贡献率大幅超过超变密度和区域内差异贡献率，变动区间介于 35.271%—70.864%，平均贡献率为 48.5%，表明区域间差异是造成长江经济带城市群社会发展水平总体差异的主要来源，不同城市群内部均存在社会发展高水平和大量社会发展低水平的城市。因此，要缩小长江经济带城市群社会发展水平的区域差距，应当首先重点采取有效措施缩小三大城市群间的差异。

表 6-6　长江经济带城市群社会发展区域差异来源及贡献

年份	来源			贡献率（%）		
	区域内差异	区域间差异	超变密度	区域内差异	区域间差异	超变密度
2010	0.070	0.080	0.077	30.763	35.271	33.967
2011	0.065	0.078	0.074	30.032	35.856	34.112
2012	0.064	0.093	0.063	29.112	42.094	28.784
2013	0.058	0.074	0.063	29.722	38.030	32.248
2014	0.058	0.074	0.055	30.804	39.548	29.647
2015	0.056	0.066	0.058	31.087	36.627	32.286
2016	0.058	0.113	0.042	27.040	53.115	19.845
2017	0.049	0.166	0.024	20.567	69.355	10.078
2018	0.047	0.165	0.020	20.332	70.864	8.804
2019	0.047	0.130	0.025	23.171	64.338	12.492
2020	0.040	0.064	0.033	29.378	46.605	24.017
2021	0.039	0.067	0.028	28.793	50.302	20.905
均值	0.054	0.098	0.047	27.567	48.500	23.932

6.5 主要结论

本章构建了包含医疗卫生、文化教育、人民生活、社会保障与城市设施五个维度的长江经济带城市群社会发展水平测度指标体系，并利用熵权TOPSIS法测算出2010—2021年长江经济带三大城市群70个城市社会发展水平综合得分值及各维度的指标权重；然后根据综合得分的结果，对城市群整体的时空演变特征进行了刻画，并对三大城市群核心城市的社会发展水平进行了对比分析；最后运用Dagum基尼系数分解法对三大城市群社会发展的区域差距进行测算分析。主要结论如下：

（1）社会保障和文化教育是长江经济带社会发展的主要驱动力，根据社会发展测度指标体系来看，医疗保险参保率的权重最高，反映了医疗保险参保率对长江经济带城市群社会发展起主要影响作用。其次是万人在校大学生数和人均公共图书馆藏书量，两者对长江经济带城市群社会发展起重要影响作用，体现了文化教育是社会发展的基石。

（2）考察期内，长江经济带城市群社会发展水平总体呈现出上升的发展趋势，且长期趋势显著。分区域看，三大城市群社会发展综合指数均呈上升趋势，但长江中游城市群增长速度最快；此外，三大城市群社会发展水平从高到低排序依次为长三角城市群、成渝城市群、长江中游城市群，且城市群社会发展水平区域差异较为显著，呈现出明显的梯度分布态势。

（3）分维度来看，长三角和长江中游城市群社会发展的短板主要在于社会保障方面，而成渝城市群社会发展的短板主要在于文化教育方面，各维度指标大都呈现出"东部高、中西部低"的地区非均衡性。

（4）从核心城市对比分析来看，长三角城市群社会发展综合得分排序为：南京>上海>杭州>合肥，其在文化教育和城市设施方面差异相对较大；长江中游城市群社会发展综合得分排序为：武汉>南昌>长沙，其在文化教育方面差距较小，在城市设施方面差异较为突出；成渝城市群社会发展综合得分排序为：成都>重庆，其在医疗卫生、文化教育、人民生活和城市设施方面都有明显差异。

（5）从三大城市群社会发展总体差异来看，考察期内长江经济带城市群总体差异呈波动下降状态，表明总体差异正在逐步缩小。从城市群内部差异来看，一方面，长三角和长江中游城市群内部差异呈现出缩小趋势，成渝城市群表现出先扩大后缩小趋势；另一方面，长江中游地区社会发展水平的区域内差异最大，长三角地区次之，成渝地区最小，表明长江中游城市群社会发展不平衡程度最高，而成渝城市群社会发展协同性最好。从城市群间社会发展差异来看，三大城市群两两之间的差异均呈缩小趋势，且长三角一成渝社会发展水平的区域间差异最小。从区域差异来源来看，区域间差异是造成长江经济带城市群社会发展水平总体差异的主要来源。

第7章 国内外城市群高质量发展的经验借鉴

7.1 国内城市群经验借鉴

7.1.1 京津冀城市群高质量发展经验借鉴

自国家"十一五"规划首次提出建设城市群以来，城市群在推动产业分工和协作、优化人口和要素布局、促进区域协调发展等方面发挥着重要作用，已逐渐发展成为我国创新能力最强、开放程度最高、最具经济活力的地区，其健康稳定也事关我国高质量发展和现代化建设的大局。目前，"十三五"时期重点建设的 19 个城市群在我国区域发展中的引领作用不断凸显。京津冀作为我国最早重点建设的城市群之一，具有得天独厚的地理优势以及资源禀赋，同时，随着京津冀协同发展战略的持续推进，区域整体发展取得显著成效。

自 2014 年京津冀协同发展战略提出以来，三地在产业、交通、公共服务、生态等领域不断取得突破。十年来，北京非首都功能得到有序且有效疏解，首都功能不断优化提升；北京城市副中心人口以及产业呈蓬勃发展态势，雄安新区现代化城市初具雏形，首都"一核两翼"新格局日渐明晰；三地综合经济实力迈上新台阶，民生福祉持续增进，区域协调发展整体效能稳步提升。

京津冀城市群在高质量协同发展方面的多项举措具有广泛的借鉴意义。第一，京津冀三地着力强化协同创新与产业协作。北京和天津拥有大批一流的科研院所以及高层次科研人才，为创新发展奠定了扎实的基础，同时，北京作为京津冀科技创新的中心，为其他两地发挥了示范带动作用；天津和河北持续增强与北京的联系，在加强自主研发的基础上对接北京科技创新成果与高端产业，并推进与自身产业融合，实现产业升级。具体举措表现为：一是不断完善协同创新平台。三地共建科技园区，以北京中关村为支撑点，先后在天津滨海、保定以及雄安新区成立创新中心或科技合作园区，为协同创新提供重要保障；北京高校院所牵头，与津冀地方政府共建创新基地与研究院，推动关键共性技术攻关、助力科技成果转移转化。二是强化创新要素共享。深化科研院所协同合作，整合三地优势创新资源，推动知识、技术、人才等创新要素在区域内有序流动和高效对接；同时，依托创新服务平台，促进科技资源开放共享。三是持续推进科技合作。三地携手共同开展专项课题研究、共建产业联盟等，联手攻坚卡脖子技术难题。

第二，深入推进交通一体化发展。三地着力加强交通基础设施互联互通，高速公路网、高速铁路网越织越密，轨道交通四通八达，综合交通网络基本实现全覆盖，京津冀一小时经济圈加速形成。交通一体化的发展不仅让出行更便捷高效，而且提升了各类生产要素周转和流通的速度，有效降低了区域交通运输成本，提高了社会资源配置效率，促进了区域产业结构优化及转型升级，从而为京津冀高质量协同发展提供了坚实支撑。

第三，公共服务共建共享。近年来，为逐步实现京津冀基本公共服务均等化，三地积极探索教育、医疗、社保、养老、就业、文旅、公交等公共服务领域的对接合作，以便为人员往来、相互投资以及产业转移提供更多的便利，全力提升协同惠民水平。基础教育方面，三地在学校管理、优质数字资源共享以及教师队伍建设方面开展全方位合作，并采取结对帮扶、学校联盟等方式深入推进教育协同发展。高等教育方面，组织区域内各高校在师资队伍和学科建设、科技创新、教育教学、成果转化等方面交流协作，共享优质资源。职业教育方面，深入推进三地跨省单独招生，支持三地职业院校加强师生交流互访。三地各层次学校多形式合作、全方位对接，实现了资源共享，优势互补，互利共赢。医疗方面，北京专家出京开展坐诊及手术，缓解了周边地区疑难杂症"看病难"问题，患者不进京就可享受优质医疗服务；津冀两地也积极加强合作，双方专家通过定期坐诊、远程会诊等方式开展交流及务实合作；三地医保异地结算早已实现，区域内就医"一卡通行"，京津冀医疗合作持续增强，民众享受越来越多便利和实惠。此外，三地在就业服务方面建立常了态化合作、资源共享机制，在养老服务方面共建异地养老示范项目、稳步推进养老服务标准互认，区域内各领域的公共服务共建共享，提升了公共服务质量和水平，更好地满足了人民群众美好生活需要，极大增强了民众的获得感、幸福感和安全感。

第四，生态联防联控。京津冀三地打破地域限制，齐心协力，以"生态优先，绿色发展"为指引，着力推进生态环境协同治理，区域生态环境质量持续改善。第一是大气联防联控。三地深入推进大气污染治理统一规划、统一标准、联合执法等方面的协作，合力实施清洁空气行动计划、推行清洁取暖、调整优化产业结构等措施，实现区域内空气质量统计数据以及预报信息交换共享。同时，建立高效统一的重污染应急机制，并肩治理大气污染，强化生态环境联防联治，空气质量改善成效显著。第二是深化流域共治。三地携手推进区域内流域上下游协作，实施跨区域联动机制，加强联合监测、信息交流，并建立水污染协同治理机制，不断强化省级生态环境部门的紧密衔接，共同推动解决跨境流域水环境突出问题。三地生态环境部门逐步建立的协同机制，使得其跨界污染应对能力显著提升，水环境领域综合治理成绩斐然，区域水源安全得到有效保障。第三是协同推进绿色低碳发展。近年来，三地围绕交通、产业、能源、建筑等领域大力推进绿色低碳发展，多项举措并施协同推进降碳扩绿。

7.1.2 粤港澳大湾区高质量发展经验借鉴

2016 年 3 月，十三五规划纲要提出，推进粤港澳大湾区和跨省区重大合作平台建设，将粤港澳大湾区建设成为世界级城市群。2017 年 7 月粤港澳大湾区建设正式启动。2019 年 2 月，《粤港澳大湾区发展规划纲要》发布，给粤港澳大湾区的战略定位、发展目标以及空间布局等指明了方向。经过 6 年建设，粤港澳合作更加深入广泛，粤港澳大湾区集聚效应和综合实力显著提升，湾区国际竞争力全面提升，高质量建设粤港澳大湾区取得阶段性成效。

粤港澳大湾区在高质量发展方面采取的举措有：第一，坚持创新引领。粤港澳大湾区拥有一批在全国乃至世界具有重要影响力的高校及科研院所，集聚了大量顶尖创新人才和科研人才，为科技创新奠定了坚实基础。湾区深入推进国际科技创新中心以及综合性国家科学中心建设，大力实施创新驱动发展战略。一是着力构建高水平多层次实验室体系。湾区在已经布局国家实验室的基础上，还将谋划筹建多家省实验室，形成高水平多层次实验室体系，促进原始创新能力提升。二是规划布局重大科技基础设施集群。以综合性国家科学中心为主要承载区，加快建设一批重大科技基础设施。三是优化创新环境。为推动科创要素的共享和便捷高效流通，科研资金过境港澳使用的渠道被打通，重点实验室面向全球开放共享，境外高端人才的税负大幅降低，创新环境持续改善。四是强化企业创新主体作用。强化企业创新主体培育，推动科技企业成为高质量发展中的"主力军"，进一步激发其创新活力。

第二，推进基础设施互联互通。基础设施是经济社会发展的必备条件和坚实支撑，粤港澳三地持续推进交通等基础设施领域务实合作，全力推动建设世界级交通枢纽。港珠澳大桥、南沙大桥相继建成运营，广深港高铁开通运行，香港融入全国高铁网络，深中通道建设有序推进，大湾区城际铁路建设全面铺开，大湾区内外交通便捷性大幅提升，"一小时生活圈"基本形成，极大促进了物流降本增效、人员便捷往来、产业优化布局等。

第三，持续深化规则机制软联通。为进一步促进要素跨境流动，粤港澳三地积极探索规则衔接、机制对接。人员流动方面，通关便利化水平不断提升；货物流动方面，口岸清关手续持续简化；专业资格认可方面，标准衔接范围持续拓展。多措并举为大湾区建设提供优质高效的服务和保障，打造市场化、国际化营商环境。

第四，深化民生领域合作。社会发展，民生为本。粤港澳三地积极拓展教育、医疗、社会保障、文化、就业、养老等领域的合作，加快打造公共服务优质的宜居宜业宜游环境。"港澳药械通"试点实施，"湾区社保通"政策落地，取消港澳居民在内地就业许可审批，港澳高校在内地合作办学项目有序开展，民生领域合作不断推进，优质生活圈利好不断，三地民众幸福感更有保障，心意更连通。

第五，推进重大合作平台建设。横琴粤澳深度合作区建设全面展开，项目建成后将进一步促进两地之间各类资源要素便捷高效流动，促进琴澳一体化高水平开放以及澳门经济多元化发展，推动澳门更好融入国家发展大局。此外，前海深港现代服务业合作区、香港科学园深圳分园、河套深港科技创新合作区规划建设稳步推进，一大批各具特色平台错位发展、优势互补，进一步推动粤港澳融合发展。

7.2 国外城市群经验借鉴

7.2.1 美国东北部大西洋沿岸城市群高质量发展经验借鉴

美国东北部大西洋沿岸城市群是举世公认的综合实力最强的世界级城市群，城市群内主要核心城市有：全美甚至全球的金融中心纽约、著名文化中心波士顿、城市群核心交通枢纽费城、美国政治中心华盛顿、以及国防工业高度发达的巴尔的摩。城市群土地面积仅占全美国 1.5%，却聚集了约 20% 的美国人口，经济总量占全美国 30% 以上。各种资源要素在城市群中自由流动，积蓄了强大的发展势能和整体效应，其集聚和扩散功能也仍在不断强化，已发展成为美国经济、文化、政治、社会的核心区域。美国东北部大西洋沿岸城市群发展经验总结如下：

第一，完善的产业层级结构。五大核心城市拥有各自占突出优势的产业结构和产业部门，彼此之间相互补充，相互渗透，形成了完善的产业分工格局和紧密的分工协作关系。城市群内最核心的城市纽约处于产业层级结构的顶层，充分发挥其辐射和带动作用；其他四大核心城市处于层级结构的中间层位置，不仅在产业发展上与纽约并驾齐驱，而且全面带动了周边产业发展，起到承上启下的作用；周边众多中小城市处于产业层级结构的最底层，为几大核心城市生产生活提供服务与便利。处于不同层级的城市充分利用各自特点，并与其他城市合作，实现优势互补，有力地促进了城市群的均衡发展。

第二，发达的城市群交通网络。经济发展，交通先行。大西洋沿岸城市群高速公路密布，连通几乎所有城市，铁路网负责各中心城市的连接，轻轨负责短途客运，多种交通基础设施构成了便捷交通网，为城市群的协同发展创造了便利畅通的沟通渠道，使城市之间的联系更加紧密。

第三，多主体联动的区域协调机制。城市群内形成了政府、民间组织、市场等多主体联动的协调机制。政府层面规划布局基础设施建设，就环境保护、社会服务、交通等问题出台政策法案；非营利性民间组织纽约区域规划会在美国东北部几个州的规划中一直发挥着重要作用；由于各城市优势短板各异，通过建立与完善市场竞争以及合作机制，驱动各城市优势互补，从而实现资源优化配置。

7.2.2 日本太平洋沿岸城市群高质量发展经验借鉴

日本太平洋沿岸城市群是日本经济最发达的地带，核心组成是东京、大阪、名古屋三大都市圈，是日本经济、政治、交通、文化的中枢地带。城市群人口约占日本总人口的 60%，土地面积约为日本国土的 20%，经济总量占比达 80%。日本太平洋沿岸城市群的发展经验归纳起来有以下三点：

第一，注重交通网络的构建。发达的交通运输业是城市群快速发展的主要驱动力和必要条件。城市群内各城市之间要形成紧密的分工协作关系，就必须依托四通八达的交通运输网。太平洋沿岸城市群把交通建设放在区域发展的重要位置，世界上第一条高铁连接了城市群内三大都市圈，城市群拥有全球最为发达的轨道交通，还拥有日本最大的航空网络和港口群体，便捷快速的交通方式促进了经济发展的同时也为城市群参与区域或国际分工协作创造了条件。

第二，注重城市群内各城市间分工协作。城市群内各城市根据地域特性和自身优势，发展适合当地特色的产业，在专注特色产业的同时彼此间紧密协作，承担不同的职能分工，从而形成产业优势，避免了产业结构的趋同化，各自扬长避短，错位发展。日本太平洋沿岸城市群内，东京地区重点布局出版印刷业以及高附加值、高成长性的服务性行业；名古屋地区重点发展汽车工业和运输机械业；大阪地区主要工业优势在于石油化工业。太平洋沿岸城市群在更大空间范围内进行资源的优化配置，产生了城市规模效应，显著提高了综合经济效益。

第三，注重加强区域协调机制建设。一是构建多主体的区域协调模式。日本城市群的管理模式是由政府、非政府组织、企业等多元主体共同参与管理的形式，城市群的协调机构是非营利性民间组织—关西经济联合会，该组织建立起了政府和企业沟通的桥梁。二是通过立法保障地方政府的自主权利。为促进城市群更好发展，日本中央政府采取积极的行政干预方式，出台多部法律政策保证城市群内地方政府的自治权利，从而使得各城市能够进行自主决策，根据各自的特色明确职能分工，充分发挥各自的资源优势。三是制定区域规划。政府组织制定区域规划确保城市群内战略性协作，引导和规范市场行为。

第8章 研究结论与政策建议

8.1 研究结论

本文在可持续发展的视角下，以"总-分"的框架模式对长江经济带城市群高质量发展进行了评价。首先，本文回顾了长江经济带城市群高质量发展相关研究，然后对长江经济带城市群的发展现状进行了描述。在此基础上，分别从生态、经济、社会三个方面对长江经济带城市群的高质量发展进行了评价，分析了长江经济带城市群。最后，在对长江经济带城市群高质量发展进行综合评价后，根据本文研究内容提出了提高长江经济带城市群高质量发展的优化路径。本文的主要研究结论如下：

（1）长江经济带城市群的生态高质量发展方面，本文从生态资源、生态压力、生态保护三个维度，从水资源、森林资源、土地资源、大气污染、污染物和有害生物等几个方面对长江经济带城市群的生态高质量建设进行了评价。研究发现，各城市群在生态保护和可持续发展方面采取了一系列的措施和行动后，长江经济带三大城市群的生态综合水平逐渐提升，特别是长江中游城市群取得了显著的进展。就生态资源而言，中上游城市的水平高于下游城市，沿江城市的水平高于非沿江城市，中心城市、副中心城市和直辖市的水平高于其他地级城市。同时，不同的生态资源在区域分布上存在明显差异，位于长江上游的川渝城市群拥有较为丰富森林资源和土地资源，长江中游城市群拥有较为丰富的水资源，长江下游的长三角城市群的生态资源较为有限。

尽管长江流域生态环境保护修复取得显著成效，但仍存在不平衡和不协调的问题。具体表现在以下几个方面：一是局部区域水环境问题凸显。长江流域水质改善显著，但沿江产业发展惯性大，废水排放总量占全国40%左右，部分水域保护压力较大，上海、武汉、重庆等城市磷污染问题突出，排污口整治和新污染物治理难度依然较大。二是水生态保护修复任务艰巨。长江流域约26%的重要湖泊水库存在富营养化问题，仍有33.7万平方公里水土流失面积亟待治理；流域水库超过 5 万座，河流自然连通性受阻，部分河道生态流量保障不足。三是水环境风险防控压力较大。长江沿线重化工业高密度布局，高污染高耗能企业数量较多，通航船舶和危险化学品运输总量较大，随着全球气候变暖，旱涝等灾害频发，安全风险防范压力加大。

（2）长江经济带城市群的经济发展方面，本文首先对长江经济带城市群的经济高质量进行了综合评价，再分别从创新、协调、开放、绿色、共享五个方面对长江经济带城市群的经济高质量发展进行了评估。结果表明，长江经济带三大城市群的经济综合水平逐渐提高，各城市群在追求经济高质量方面采取了一系列的措施和行动。长三角城市群作为经济发展最为成熟的地区，其经济综合水平相对较高。长江中游城市群在经济发展中稳步提升，取得了显著的进展。川渝城市群虽然起点较低，但在近年来取得了较大幅度的发展，增长速度较快。这些城市群的不断发展为长江经济带的整体繁荣做出了积极贡献。

长江经济带地区存在明显的经济水平空间差异。中下游城市拥有长江黄金水道的区位和交通优势，对外开放较早，拥有更多发展机遇，经济发展水平高于上游城市；中心城市、副中心城市和直辖市作为区域政治经济中心，受到政策和资源的支持，经济发展水平高于其他城市。从长江经济带三大城市群经济发展趋势来看，在长三角城市群，上海、苏州、杭州和南京等核心城市在产业结构调整、技术创新和国际合作方面取得了显著成就，经济发展相对成熟，带动了周边地区的经济增长，形成了一个高度联动的经济区域，推动了长三角地区的整体经济水平的提高；长江中游城市群以武汉、长沙和南昌为核心城市，这些城市在制造业、高新技术产业和服务业方面具有较强的实力和潜力，通过产业升级和创新驱动，推动了该地区的经济增长和发展；川渝城市群以重庆和成都为核心城市，随着西部大开发战略的实施，重庆和成都等城市在基础设施建设、产业发展和区域合作方面取得了显著成果，推动了川渝地区经济的快速增长。这些核心城市通过产业带动、人才流动、市场辐射提高整个区域的经济效益和发展水平，在整个长江经济带经济发展中充分发挥引擎作用。

（3）长江经济带城市群的社会高质量发展方面，本文构建了包含医疗卫生、文化教育、人民生活、社会保障、城市设施五个维度的评价指标体系,采用熵权 TOPSIS 法对长江经济带三大城市群社会发展指数进行了测算,并借鉴 Dagum 基尼系数方法对长江经济带城市群社会发展水平的区域差异并予以分解。测算结果显示,2010—2021 年长江经济带城市群社会发展水平总体呈现出上升的发展趋势,期间发展过程可分为"缓慢上升—平稳波动—较快增长"三个阶段。第一阶段是从 2010 年的 0.15 上升到 2013 年的 0.17,增长了 13.33%;第二阶段是从 2014 年到 2016 年,社会发展水平保持平稳向好态势;第三阶段是从 2017 年的 0.19 上升到 2021 年的 0.24,社会发展水平较之前增速加快,增长了 26.3%。从各维度来看,社会保障和文化教育是长江经济带社会发展的主要驱动力,根据社会发展测度指标体系来看,医疗保险参保率的权重最高,反映了医疗保险参保率对长江经济带城市群社会发展起主要影响作用。其次是万人在校大学生数和人均公共图书馆藏书量,两者对长江经济带城市群社会发展起重要影响作用,体现了文化教育是社会发展的基石。长三角和长江中游城市群社会发展的短板主要在于社会保障方面,而成渝城市群社会发展的短板主要在于文化教育方面,各维度指标大都呈现出"东部高、中西部低"的地区非均衡性。从不同区域来看,社会发展水平最高的为长三角城市群,其次是成渝城市群,最低的是长江中游城市群,但长江中游城市群社会发展水平是增长速度最快的。从长江经济带城市群社会发展水平的区域差异分解来看,在考察期内,长江经济带城市群社会发展水平落后的地区正不断追赶发展水平较高的地区,从而使得总体差异正在逐步缩小。从不同城市群来看,长江中游地区社会发展水平的区域内差异最大,长三角地区次之,成渝地区最小,表明长江中游城市群社会发展不平衡最为严重,而成渝城市群社会发展协同性最好。

8.2　政策建议

8.2.1 长江经济带城市群生态高质量发展建议

8.2.1.1 推进资源环境承载力预警长效机制建立

"建立资源环境承载能力监测预警机制"是中央全面深化改革重大任

务的组成部分，是推进生态文明体制改革的核心制度。针对长江经济带资源环境承载力与社会发展质量的等级不匹配、超半数的城市资源环境承载力滞后于社会发展质量的问题，亟需推进资源环境承载力长效预警机制的建立来约束各地在不突破资源环境承载底线的前提下进行开发建设。按照不同资源环境承载力预警级别，制定相应开发建设项目准入、审批、管理制度。搭建长江经济带资源环境承载力预警信息共享与监管平台，明确水资源、土地资源、大气环境、水环境等资源环境承载力相关监测预警指标及警戒阈值，开展年度追踪监测，形成常态化管理模式。

8.2.1.2 加强环境污染联防联控

以往"先污染，后治理"的发展模式对长江经济生态环境造成了严重的破坏。长江经济带涉及省市众多，针对长江经济带城市群跨区域污染问题亟需加快建设联防联控机制。环境污染治理是一项系统工程，长江经济带的环境污染主要来源于生产、生活活动中的污染排放，而污染排放存在显著的区域性、流动性特征，每个地区排污除会对自身生态环境造成损害外，可能会对邻域的城市产生不良影响，尤其是大气污染、水污染，经常出现"上游排污，下游遭殃"的现象。另外，遇到职责不清或重叠时，就容易相互推诿。为使环境污染治理合作落到实处，可借鉴京津冀协同发展、粤港澳大湾区协同发展等经验，加快搭建各省市污染治理协同合作平台，探索上游、中游、下游饮用水水源地分级分区保护制度，以"河长互联"为抓手，促进不同区域之间的河长开展跨界河流联防联控合作。区级联合，重点防治，从"属地"特征出发划定不同大气污染联防联控区域，设立同一大气污染联防联控区域的大气环境保护专项基金，健全区域空气质量监测网络体系，改变以往"唯经济论"的政府绩效考核制度，建立区域空气评估制度并纳入政府绩效考核。

8.2.1.3 健全生态保护补偿机制

生态保护补偿机制是落实流域生态环境保护和修复任务的重要举措，对促进流域资源环境改善具有重要作用。目前长江经济带生态保护补偿机制存在资金来源和补偿方式单一的问题，补偿资金来源以各级财政补贴为主，且中央财政补贴占比较高，补偿方式则是以一次性货币补偿为主，难以激发地方生态环境保护的内生积极性，长此以往也会对中央财政造成一定负担。需要进一步健全生态保护补偿机制，使其充分发挥协调社会经济发展与生态环境保护之间的矛盾的作用。首先，在充分考虑生态保护成本、发展机会成本的基础上完善生态产品价值、生态服务价值核算体系。建立长江流域生态补偿大数据平台，探索上游、中游、下游省域之间的横向生态补偿机制。拓展除货币补偿外的多元补偿方式，如生态产业扶持、生态修复人才培训、生态修复技术支持等。建立市场化、多元化的生态补偿机制，鼓励和引导社会力量参与或主导长江经济带生态环境保护修复项目，全面激发沿江省市生态环境保护内生积极性。

8.2.1.4 加强节能减排和资源循环利用

一方面，结合循环经济理念推动区域发展。未来有必要建立循环经济发展专项基金，专门为循环经济重点项目服务，基于传统产业研究新产品和新技术，实现传统产业结构的转型升级，减少支柱性产业所造成的污染，通过节能环保技术推进支柱产业向着无污染或少污染方向发展。

另一方面，推进资源节约集约利用，相关部门积极制定和实施节能减排政策，旨在推动企业和居民采取节能措施，减少能源消耗和碳排放。同时协同推进长江干线码头岸电设施建设和改造升级，使用岸上电源为船舶供电，替代停靠后所用的柴油机发电，可以实现源头减排。

8.2.1.5 加强环境监管和执法

首先，加大力度治理湖泊与重点流域的水污染。未来在保护湖泊水环境时，必须首先切断污染物流入湖泊的渠道，做好防治湖泊水生态环境的重点工程，保护湖泊流域生态环境。建立集中式饮用水源环境保护机制，防止周边的各类污染源和风险源对饮用水源地带来破坏，且应当建立严格的监督机制，定期针对水源地水质进行监测，并应当按期将监测报告递送至上级，确保饮用水源地水质安全。大力推进重点流域水污染防治，加大出境快捷河流污染安全甲醛，逐步推行主要河流市（州）、县（区）跨界断面考核工作。加强城市水质的改善，通过加强对企业排放的工业废水的监管，提高污水排放的达标率，同时促进水资源的再次利用，推广和普及分散式生物集成处理系统，该集成处理系统是处理生活污水的重要设备，强化对生活污水的处理和回收利用。

其次，提高城市大气环境质量。为保证空气质量，减少二氧化硫和二氧化碳排放量，需要找到控制措施有效控制氮氧化物排放量，有效增加城市空气质量达到二级标准的天数。加强对高污染行业的治理，减少医药行业、化工行业以及冶金行业等行业有毒有害气体的排放，加强对这些高污染行业污染源的治理，主要通过提高工业粉尘去除率等指标来改善大气质量现状。

第三，减少固体废弃物的污染。建立完善的固体废弃物防治体系，集中收集和处理危险废弃物和医疗废弃物，实现危险废弃物的安全处置。积极构建综合的废旧物资回收点，建立一套完善的再生资源回收体系。加强对工业固体废弃物企业的审计工作，切实减少这些重点企业固体废弃物的产生量，并应当找到行之有效的方式来资源化利用这些固体废弃物。

应当有效提高城市生活垃圾无害化处理率、工业粉尘去处理、生活污水集中处理率、工业废水排放达标率。要改善这些情况，必须要促进城市对于生活垃圾的"微降解"，通过法律或者规章制度来鼓励或强制实行生活垃圾分类处理，从源头控制生活垃圾的乱排乱放。同时，加大对环保投资的力度，促进环保产业的发展，积极引导环保组织和个人对于环境保护的宣传，促进全民参与，提倡出行的绿色化，改善生态环境。

8.2.1.6 树立环境保护意识

要坚持绿色、低碳和可持续发展理念，考虑到城市之间差距的基础上，建立健全跨区域生态文明建设联动机制，协调资源开发和环境保护。首先，对地方政府的环境治理行为进行经常性的监督。其次，工业企业也有责任通过使用高效的技术来改善环境质量。特别是高排放企业需要升级生产设备，增加污染处理设施的使用。最后，在环境保护基础设施方面，加快推进建设一批燃煤电厂环境保护设施、污水处理厂及配套设施、固体废物和城市生活垃圾、危险废物处理设施。除此之外，西部城市群在接受外资时，应坚持生态环境保护理念，对高污染、高能耗项目设置准入门槛，防止污染转移到城市群内部。

8.2.2 长江经济带城市群经济高质量发展建议

8.2.2.1 加强产业规划和产业协同

综合考虑多样性、专业化和地方特色，根据城市地理、资源等综合优势，明确产业发展方向，对长江经济带城市群进行科学的产业规划。同时，以全球视野和格局为基础，消除以往产业规划的区域碎片化格局，以产业功能互补、产业布局优化和政策协调为指导，在整个长江经济带城市群内进行统筹规划。具体而言，根据各城市的产业结构和发展水平制定发展战略，准确定位区域产业功能。例如：发挥成渝城市群内各城市的特色和区位优势，促进区域合作和互联互通，承担不同的产业发展任务。另外，不同地区产业可以通过并购、谈判转让、持股参股、联合重组等多种整合方式，促进城市群内部合理分工合作。还可以通过建立联合技术研发机制、产业梯度转移与资源配置机制和国家制造创新中心合作机制，协调各城市群各城市的产业优势，通过"飞地发展"模式形成区域内互助发展。通过推进产城融合，构建城市群内横向错位发展、纵向分工合作的现代产业体系，形成西部城市群产业利益共同体。

8.2.2.2 提高市场机制调节作用

当前城市群一体化内部的城市之间依然存在产业结构和发展职能类似和重合的问题，需要通过市场机制调整产业结构、产品分工。首先，在统一发展框架的架构上通过市场资源配置，形成合作和分工良好的城市群一体化发展趋势，从而在发展方向上避免恶性竞争。其次，一体化城市结合各自地理区位和产业优势，按照城市群一体化统一发展策略，在产业分工、专业化、模块化等各个环节按市场合理分配，形成分工合理，互为联系的产业发展格局。最后，要以产业升级和转移为城市群一体化发展的契机，一方面加快一体化城市的产业升级，另一方面周边城市作为产业转移的承接方要积极主动加强同一体化城市政府的协调，建立一体化城市和周边城市之间的产业转移合作机制，实现周边城市产业对接转移。

8.2.2.3 促进城市群辐射带动作用

深化城市间组织协调机制，建立包括地方政府、企业和其他组织在内的城市群一体化协调机制，确保城市群一体化目标的实现。强化城市间产业协调，立足于当地资本和劳动力的现状，通过合理配置资本和劳动力来提升其竞争力，在产业发展中必须要结合一体化城市产业结构转型和调整的策略，积极发展相关的配套产业，防止出现与一体化城市产业的雷同。因此，城市群一体化内外通过产业之间的合作、协调和补偿来实现新的产业系统和经济系统，促使不同类型的产业相互影响、相互补充、相互作用来提高城市群和周边城市产业发展的经济效益。优化城市群与周边城市资源配置。

8.2.2.4 科技创新引领产业转型升级

目前长江经济带仍存在较多高污染、高能耗的产业，为实现长江经济带资源环境与社会之间的协调发展，需加快推进这些传统产业转型升级，科技创新是驱动传统产业转型升级的重要手段，推动创新链与产业链深度融合，能有效加快传统产业转型升级，引领战略性新兴产业发展壮大。实现科技创新对产业转型升级的引领首先需要推进科技创新成果转化，在推动科技创新引领长江经济带产业转型升级的过程中，应尊重科技创新的区域集聚规律。在提升区域科技创新水平的过程中需注意因地制宜探索差异化的科技创新驱动新路径，重点提升科教投入的正向边际作用更高地区的科技创新水平，依托区域人才、智力密集优势，建设若干示范性创新型城市和区域创新中心，辐射带动周边城市科技创新水平的提升，实现投资驱动、要素资源驱动向创新驱动的转变。以科技创新驱动传统高能耗、高污染产业向资源节约型、环境友好型产业的"两型"产业转移。

8.2.2.5 推进新旧动能有序转换

当前长江经济带面临的生态环境形势严峻、向高技术高附加值产业转型升级任务艰巨，新旧动能转换是产业转型升级的内在动力，对长江经济带资源环境与社会的协调发展至关重要。要积极稳妥腾退旧动能，破除无效供给，为新动能发展创造条件、留出空间，实现腾笼换鸟。推进新旧动能有序转换也是一个循序渐进的长期过程，需要平衡好培育新动能和腾退旧动能之间的关系。对于长江经济带的传统产业如钢铁冶炼、化工产品生产、有色金属开采、纺织业、造纸业等，加快推进其升级改造，腾退高能耗、高污染、低端无效产能的产业，为新动能产业入场腾出空间。加快培育新动能，积聚力量发展高端制造业和现代服务业，推进绿色制造，重点发展壮大信息技术、电子芯片、精密仪器制造、节能环保、新能源等战略性新兴产业，实现由消耗资源、污染环境的低水平发展向绿色发展转变。

8.2.3 长江经济带城市群社会高质量发展建议

8.2.3.1 互联互通，加强政府间协调

在城市群一体化发展的过程中，各城市政府之间的协调对于一体化政策的经济发展目标的达成有着重要的作用。一方面城市群和周边城市均需要借助于一体化政策带来的红利积极培育各城市经济发展的能力，特别是区域所属省级政府需要通过财政资金有计划地投入和针对各地资源禀赋优势进行产业布局和发展重点，从而帮助区域内落后地区培育发展能力。另一方面城市群内依然存在产业结构和发展职能类似和重合的问题，这要求各城市政府在政策上协调统一各城市的职能分工和发展定位。同时，可以通过加强人口登记制度、社会保障制度以及人力资源库等方面的改革，完善人力资源的合理流通。进一步考虑将户籍制度与福利制度分离脱钩，包括教育权、医疗保险和养老保险等，消除城市化进程中劳动力迁移的障碍和限制，实现劳动力在城乡之间的合理配置。

另外，注重体制机制的改革创新，突破行政壁垒的限制，通过基础设施共建、立体交通联动、产业园区联合投资、科教资源共享、文化品牌共建等方式，形成跨地区的广泛合作机制，鼓励城市之间建立紧密的互动网络。通过将两个地区的全部或部分合并为一个或在一个地区内划分出一个较小的区域来创建特定新区，并赋予该特殊地区额外的行政执行权。这样，这些新区能够在不改变正式行政体制的前提下，以较少的行政障碍来推进区域协同发展，这些新区是独立于正式行政地位的，市政府直接监管新区的社会、经济和空间发展。

8.2.3.2 因地制宜，实施不同发展政策

对于经济增长与收入水平较低的欠发达城市，应该着力提高经济便利性和企业生产率，提高人均收入，保持经济发展的可持续性，并加强对城市公共基础设施的建设。还应该加大对城市公共基础设施的建设，如道路交通、通讯设施、燃气供水、环境绿化等，提高居民出行的便捷度，优化

居民良好的居住环境,提高城市燃气和用水普及率,方便居民的城市生活,实现居民最基本的物质生活保障。

对于经济增长与收入水平适中的发展中城市,应将发展重点从工业生产转移到居民的生活质量上,突出城市的服务功能和生态文明建设。需要适当放松对生产活动的投入以及对生产率的高需求,将城市发展的重点从高速经济增长转移到居民的高品质生活上,突出城市的服务功能和生态文明建设,改变企业的生产方式,进行可持续经济发展,着力发展科技含量高、耗能低污染少的产业和现代服务业。

对于经济实力较好的发达城市来说,维持经济便利水平的同时,逐步改善居民的生活质量是一项重要的任务。这要求城市不仅关注经济增长,还要注重社会保障与人文资源的建设,以实现更加全面和均衡的发展。首先,在医疗保障方面,城市应该加大投入,提升医疗服务水平。通过购买先进的医疗设备、培养更多的从医人员,以及优化医疗服务流程,可以确保居民在健康问题上得到及时、有效的治疗。同时,普及健康知识、推广健康生活方式也是预防疾病、提高居民健康水平的重要途径。其次,教育事业的发展对于提升城市整体素质和竞争力至关重要。发达城市应该增加对教育的投入,提高教师待遇,吸引和留住优秀的教育人才。通过完善教育体制、创新教育方法,可以为学生提供更加全面、个性化的学习体验,进而培养出更多具有创新精神和实践能力的高素质人才。在文化素质培养方面,城市应该注重宣传文化知识,提升居民的文化素养。通过建立博物馆、图书馆、艺术馆等公共文化设施,可以为居民提供丰富多样的文化体验和学习资源。此外,举办各种文化活动、艺术展览等也有助于增进居民对文化的理解和认同,提升城市的文化品位和形象。最后,提高地区的就业率也是发达城市需要关注的重要问题。通过创造更多的就业岗位、提供良好的就业环境,可以确保居民有稳定的工作和收入来源。同时,加强职业培训、提供就业指导等服务也有助于提高居民的就业能力和竞争力,进一步促进城市的经济发展和社会稳定。

参 考 文 献

[1] 白俊红，王林东.创新驱动是否促进了经济增长质量的提升？[J].科学学研究，2016，34（11）：1725-1735.

[2] 彼得·霍尔. 多中心大都市：西欧巨型城市区透视[J]. 钱雯（译），城市与区域规划研究，2009（03）：1-17.

[3] 曹广忠，陈思创，刘涛. 中国五大城市群人口流入的空间模式及变动趋势[J]. 地理学报，2021，76（06）：1334-1349.

[4] 曹有挥，蒋自然，陈欢等. 长江沿岸港口体系的形成过程与机制[J]. 地理科学进展，2015，34（11）：1430-1440.

[5] 曾鹏，向丽. 中国十大城市群高等教育投入和产业集聚水平对区域经济增长的共轭驱动研究[J]. 云南师范大学学报（哲学社会科学版），2015，47（04）：138-145.

[6] 钞小静，任保平.城乡收入差距与中国经济增长质量[J].财贸研究，2014，25（05）：1-9.

[7] 钞小静，任保平. 资源环境约束下的中国经济增长质量研究[J]. 中国人口·资源与环境，2012，22（04）：102-107.

[8] 陈昌兵. 新时代我国经济高质量发展动力转换研究[J]. 上海经济研究，2018（05）：16-24+41.

[9] 陈景华，陈姚，陈敏敏. 中国经济高质量发展水平、区域差异及分布动态演进[J]. 数量经济技术经济研究，2020，37（12）：108-126.

[10] 陈梦筱. 国家级城市群经济空间联系及演化趋向——以哈长城市群为例[J]. 经济地理，2020，40（05）：99-105.

[11] 陈雯，兰明昊，孙伟等. 长三角一体化高质量发展：内涵、现状及对策[J]. 自然资源学报，2022，37（06）：1403-1412.

[12] 陈子曦，青梅. 中国城市群高质量发展水平测度及其时空收敛性研究[J]. 数量经济技术经济研究，2022，39（06）：42-60.

[13] 程恩富. 论新常态下的五大发展理念[J]. 南京财经大学学报，2016

（01）：1-7+108.

[14] 戴翔. 服务出口复杂度与经济增长质量：一项跨国经验研究[J]. 审计与经济研究，2015，30（04）：103-112.

[15] 戴学珍，蒙吉军. 京津空间一体化研究[J]. 经济地理，2000（06）：56-60.

[16] 段秀芳，沈敬轩. 粤港澳大湾区城市高质量发展评价及空间结构特征分析[J]. 统计与信息论坛，2021，36（05）：35-44.

[17] 段学军，虞孝感. 长江流域可持续发展综合分析与评价[J]. 中国人口·资源与环境，2002（02）：77-82.

[18] 樊杰，王亚飞，王怡轩. 基于地理单元的区域高质量发展研究——兼论黄河流域同长江流域发展的条件差异及重点[J]. 经济地理，2020，40（01）：1-11.

[19] 范金，姜卫民，刘瑞翔. 增加值率能否反映经济增长质量？[J]. 数量经济技术经济研究，2017，34（02）：21-37.

[20] 范金，张强，落成. 长三角城市群经济发展质量的演化趋势与对策建议[J]. 工业技术经济，2018，37（12）：70-77.

[21] 方创琳，周成虎，王振波. 长江经济带城市群可持续发展战略问题与分级梯度发展重点[J]. 地理科学进展，2015，34（11）：1398-1408.

[22] 方创琳. 城市群空间范围识别标准的研究进展与基本判断[J]. 城市规划学刊，2009（04）：1-6.

[23] 冯·杜能. 孤立国同农业和国民经济的关系[M]. 吴衡康（译），北京：商务印书馆，1986.

[24] 耿焕侠，张小林. 基于熵值法的江苏省经济增长质量定量分析[J]. 地理与地理信息科学，2014，30（01）：81-85+127.

[25] 关信平. 中国式现代化建设中推进高质量社会发展问题研究[J]. 理论与现代化，2023，（05）：5-17.

[26] 韩士元. 城市经济发展质量探析[J]. 天津社会科学，2005（05）：83-85.

[27] 郝寿义，倪鹏飞. 中国城市竞争力研究——以若干城市为案例[J]. 经济科学，1998（03）：50-56.

[28] 郝颖，辛清泉，刘星. 地区差异、企业投资与经济增长质量[J]. 经济研究，2014，49（03）：101-114+189.

[29] 何强. 要素禀赋、内在约束与中国经济增长质量[J]. 统计研究，2014，31（01）：70-77.

[30] 化祥雨，金祥荣，吕海萍等. 高质量发展耦合协调时空格局演化及影响因素——以浙江省县域为例[J]. 地理科学，2021，41（02）：223-231.

[31] 黄群慧.浅论建设现代化经济体系[J].经济与管理，2018，32（01）：1-5.

[32] 黄志基，贺灿飞. 制造业创新投入与中国城市经济增长质量研究[J]. 中国软科学，2013（03）：89-100.

[33] 姜豪，陈灿平. 城市综合承载力研究——以成都为例[J]. 软科学，2016，30（12）：59-62.

[34] 姜琪. 政府质量、文化资本与地区经济发展——基于数量和质量双重视角的考察[J]. 经济评论，2016（02）：58-73.

[35] 金碚. 关于"高质量发展"的经济学研究[J]. 中国工业经济，2018（04）：5-18.

[36] 卡马耶夫. 经济增长的速度和质量[M]. 武汉：湖北人民出版社，1983.

[37] 克里斯塔勒. 德国南部中心地原理[M]. 北京：商务印书馆，2010.

[38] 李春艳，文传浩. 长江经济带合作共赢的理论与实践探索——"长江经济带高峰论坛"学术研讨会观点综述[J]. 中国工业经济，2015（02）：44-49.

[39] 李建国，李智慧. 区域经济协调发展与城乡一体化的中国探索[J]. 当代经济研究，2017，（04）：78-85.

[40] 李娟伟，任保平. 国际收支失衡、经济波动与中国经济增长质量[J]. 当代财经，2013（01）：23-31.

[41] 李强，高楠. 资源禀赋、制度质量与经济增长质量[J]. 广东财经大学学报，2017，32（01）：4-12+23.

[42] 李强，韦薇. 长江经济带经济增长质量与生态环境优化耦合协调度研究[J]. 软科学，2019，33（05）：117-122.

[43] 李强，魏巍. 制度变迁对中国经济增长质量的非线性效应分析[J]. 经济与管理研究，2015，36（12）：3-10.

[44] 李旭辉，朱启贵，胡加嫒. 基于"五位一体"总布局的长江经济带城市经济社会发展动态评价研究[J]. 统计与信息论坛，2018，33（07）：74-83.

[45] 李学鑫，苗长虹. 城市群经济的性质与来源[J]. 城市问题，2010（10）：16-22.

[46] 李雪松，张雨迪，孙博文. 区域一体化促进了经济增长效率吗？——基于长江经济带的实证分析[J]. 中国人口·资源与环境，2017，27（01）：10-19.

[47] 李祎，吴缚龙，尼克. 中国特色的"边缘城市"发展：解析上海与北京城市区域向多中心空间结构的转型[J]. 国际城市规划，2008，（4）：2-6.

[48] 李元书，杨海龙. 发展中国家社会与政治发展的战略选择 [J]. 学习与探索，1998，（05）：72-76.

[49] 梁伟，朱孔来. 生态环境可持续发展能力研究——以长江流域为例[J]. 经济问题探索，2011（08）：159-165.

[50] 蔺雪芹，王岱，任旺兵等.中国城镇化对经济发展的作用机制[J].地理研究，2013，32（04）：691-700.

[51] 刘传江，吕力. 长江三角洲地区产业结构趋同、制造业空间扩散与区域经济发展[J]. 管理世界，2005（04）：35-39.

[52] 刘海英，赵英才，张纯洪. 人力资本"均化"与中国经济增长质量关系研究[J]. 管理世界，2004（11）：15-21.

[53] 刘惠敏. 长江三角洲城市群综合承载力的时空分异研究[J]. 中国软科学，2011（10）：114-122.

[54] 刘文革，周文召，仲深等. 金融发展中的政府干预、资本化进程与经济增长质量[J]. 经济学家，2014（03）：64-73.

[55] 刘小瑜，汪淑梅. 基于集对分析法的我国经济增长质量综合评价[J]. 江西社会科学，2014，34（12）：48-53.

[56] 刘亚建.我国经济增长效率分析[J]. 思想战线，2002（04）：30-33.

[57] 刘燕妮，安立仁，金田林. 经济结构失衡背景下的中国经济增长质量[J]. 数量经济技术经济研究，2014，31（02）：20-35.

[58] 刘友金,周健."换道超车":新时代经济高质量发展路径创新[J].湖南科技大学学报（社会科学版），2018，21（01）：49-57.

[59] 刘玉博，王振. 长江经济带社会发展水平测度及空间分异现象研究 [J]. 南京社会科学，2020，（01）：71-78.

[60] 刘兆德，虞孝感. 长江流域新世纪可持续发展的重大问题[J]. 经济地理，2006（02）：304-307+312.

[61] 刘志彪. 强化实体经济 推动高质量发展[J]. 产业经济评论，2018（02）：5-9.

[62] 陆大道. 长江大保护与长江经济带的可持续发展——关于落实习总书记重要指示,实现长江经济带可持续发展的认识与建议[J]. 地理学报，2018，73（10）：1829-1836.

[63] 罗宣，周梦娣，王翠翠. 长三角地区经济增长质量综合评价[J]. 财经问题研究，2018（04）：123-129.

[64] 马建新，申世军. 中国经济增长质量问题的初步研究[J]. 财经问题研究，2007（03）：18-23.

[65] 马轶群，史安娜. 金融发展对中国经济增长质量的影响研究——基于 VAR 模型的实证分析[J]. 国际金融研究，2012（11）：30-39.

[66] 迈克尔·波特. 竞争论[M]. 北京：中信出版社，2003.

[67] 孟晓华，许军. 数字服务贸易发展指数评价及影响因素分析——基于 50 个国家的面板数据 [J]. 经济问题探索，2023，（10）：170-190.

[68] 宁越敏. 新城市化进程——90 年代中国城市化动力机制和特点探讨[J]. 地理学报，1998（05）：88-95.

[69] 齐良书. 出口、外国直接投资流入与中国经济增长关系的实证研究[J]. 财经问题研究，2006（01）：9-13.

[70] 钱陈. 城市化与经济增长的主要理论和模型述评[J]. 浙江社会科学，2005（02）：190-197.

[71] 秦放鸣，唐娟. 经济高质量发展：理论阐释及实现路径[J]. 西北大学学报（哲学社会科学版），2020，50（03）：138-143.

[72] 曲振涛，周正．我国财政收入超经济增长的实证分析[J]．财政研究，2004（08）：50-53．

[73] 任保平，钞小静．从数量型增长向质量型增长转变的政治经济学分析[J]．经济学家，2012，（11）：46-51．

[74] 任保平．新时代中国经济从高速增长转向高质量发展：理论阐释与实践取向[J]．学术月刊，2018，50（03）：66-74+86．

[75] 申世军，邬凯生．广东省　山东省经济增长质量研究[J]．工业技术经济，2007（03）：64-68．

[76] 沈坤荣，傅元海．外资技术转移与内资经济增长质量——基于中国区域面板数据的检验[J]．中国工业经济，2010（11）：5-15．

[77] 沈坤荣．中国经济转型期的政府行为与经济增长[J]．管理世界，1998（02）：22-30+219．

[78] 师博，任保平．中国省际经济高质量发展的测度与分析[J]．经济问题，2018，（04）：1-6．

[79] 师博，张冰瑶．全国地级以上城市经济高质量发展测度与分析[J]．社会科学研究，2019（03）：19-27．

[80] 石崧．城市空间结构演变的动力机制分析[J]．城市规划汇刊，2004（01）：50-52+96．

[81] 史自力．区域创新能力与经济增长质量关系的实证研究[J]．重庆大学学报（社会科学版），2013，19（06）：1-8．

[82] 宋斌．中国经济增长质量的测度与区域比较研究——基于包容性增长视角的分析[J]．宏观质量研究，2013，1（03）：63-71．

[83] 随洪光，刘廷华．FDI是否提升了发展中东道国的经济增长质量——来自亚太、非洲和拉美地区的经验证据[J]．数量经济技术经济研究，2014，31（11）：3-20．

[84] 孙亚南．长江经济带核心城市可持续发展能力评价[J]．南京社会科学，2016（08）：151-156．

[85] 唐晓彬，王亚男，唐孝文．中国省域经济高质量发展评价研究[J]．科研管理，2020，41（11）：44-55．

[86] 藤田昌久，保罗·克鲁格曼，安东尼·维纳布尔斯．空间经济学：

城市、区域与国际贸易[M]. 梁琦（译），北京：中国人民大学出版社，2005.

[87] 万广华，吕嘉滢. 中国高质量发展：基于人民幸福感的指标体系构建及测度 [J]. 江苏社会科学，2021，（01）：52-61.

[88] 王国刚. 城镇化：中国经济发展方式转变的重心所在[J]. 经济研究，2010，45（12）：70-81+148.

[89] 王弘儒. 中国城乡高质量融合发展水平的地区差距及分布动态演进 [J]. 经济问题探索，2023，（02）：45-64.

[90] 王军，詹韵秋. "五大发展理念"视域下中国经济增长质量的弹性分析[J]. 软科学，2018，32（06）：26-29.

[91] 王君磊，王兆凯，杨晓明. 基于层次分析法的经济增长质量评价模型[J]. 统计与决策，2007（12）：49-51.

[92] 王鹏，李彦. 高铁对城市群经济集聚演化的影响——以中国三大城市群为例[J]. 城市问题，2018（05）：62-72.

[93] 王秋玉，曾刚，苏灿等. 经济地理学视角下长三角区域一体化研究进展[J]. 经济地理，2022，42（02）：52-63.

[94] 王守文，赵敏，徐丽洁. 长江经济带发展战略对区域科学竞争力的提升效应——基于双重差分法的实证研究[J]. 科技进步与对策，2022，39（23）：55-64.

[95] 王维，张涛，王晓伟等. 长江经济带城市生态承载力时空格局研究[J]. 长江流域资源与环境，2017，26（12）：1963-1971.

[96] 王伟光. 当代中国马克思主义的最新理论成果——习近平新时代中国特色社会主义思想学习体会[J]. 中国社会科学，2017（12）：4-30+205.

[97] 王莹，王慧敏. 基于熵权 TOPSIS 模型的城市建设用地供应绩效评价及障碍度诊断——以西安市为例[J]. 中国农业资源与区划，2018，39（05）：110-119.

[98] 王雨枫，曹洪军. 中国城市群城镇综合发展测度及影响因素[J]. 中国软科学，2022（04）：87-94+128.

[99] 魏婕，许璐，任保平. 财政偏向激励、地方政府行为和经济增长质量[J]. 经济科学，2016（03）：5-18.

[100] 肖攀，李连友，苏静. 中国省域经济增长质量测度及其收敛性分

析[J]. 财经理论与实践, 2016, 37（04）: 111-117.

[101] 许庆, 刘进, 熊长江. 中国农村基础设施发展水平、区域差异及分布动态演进 [J]. 数量经济技术经济研究, 2022, 39（02）: 103-120.

[102] 许永兵. 河北省经济发展质量评价——基于经济发展质量指标体系的分析[J]. 河北经贸大学学报, 2013, 34（01）: 58-65.

[103] 严成樑. 现代经济增长理论的发展脉络与未来展望——兼从中国经济增长看现代经济增长理论的缺陷[J]. 经济研究, 2020, 55（07）: 191-208.

[104] 杨斐, 任保平. 中国经济增长质量: 碳排放视角的评价[J]. 软科学, 2011, 25（11）: 89-93.

[105] 杨俊, 李之民, 周曦冉. 金融结构与经济增长质量——基于2001—2012年中国省际面板数据的实证分析[J]. 技术经济, 2015, 34（04）: 73-80.

[106] 杨仁发, 李娜娜. 环境规制与中国工业绿色发展: 理论分析与经验证据[J]. 中国地质大学学报（社会科学版）, 2019, 19（05）: 79-91.

[107] 姚树洁, 冯根福, 韦开蕾. 外商直接投资和经济增长的关系研究[J]. 经济研究, 2006（12）: 35-46.

[108] 叶玉瑶. 城市群空间演化动力机制初探——以珠江三角洲城市群为例[J]. 城市规划, 2006（01）: 61-66+87.

[109] 殷培伟, 谢攀, 雷宏振. 国家中心城市经济高质量发展评价及差异分析[J]. 经济学家, 2023,（03）: 68-78.

[110] 虞孝感, 段学军, 刘新等. 人地关系转折时期对策—调整结构与一体化战略——解读"欧洲2020战略"与"长江三角洲地区规划"[J]. 经济地理, 2010, 30（09）: 1409-1416.

[111] 袁华锡, 封亦代, 罗翔勇, 刘耀彬. 制造业集聚如何影响区域绿色发展福利? [J]. 中国人口·资源与环境, 2022,（05）: 68-83.

[112] 袁晓玲, 王军, 李政大. 空间生态责任视角下的区域高质量发展测度 [J]. 统计与信息论坛, 2022, 37（04）: 84-98.

[113] 詹新宇, 崔培培. 中央对地方转移支付的经济增长质量效应研究——基于省际面板数据的系统GMM估计[J]. 经济学家, 2016(12): 12-19.

[114] 张芳, 袁嫄. 中国省域生态文明建设协调发展的统计测度 [J]. 统计与决策, 2021, 37（10）: 47-51.

[115] 张杰,高德步,夏胤磊.专利能否促进中国经济增长——基于中国专利资助政策视角的一个解释[J].中国工业经济,2016(01):83-98.

[116] 张军超,杨文宇.北上广深经济增长质量测度和分析[J].工业技术经济,2016,35(03):143-151.

[117] 张立群.中国经济发展和民生改善进入高质量时代[J].人民论坛,2017(35):66-67.

[118] 张庭伟.城市的两重性和规划理论问题[J].城市规划,2001(01):49-52.

[119] 张为杰,张景.地区产业转型对经济增长质量的贡献度研究——来自京津冀地区的经验[J].经济体制改革,2012(02):44-48.

[120] 张亚斌,黄吉林,曾铮.城市群、"圈层"经济与产业结构升级——基于经济地理学理论视角的分析[J].中国工业经济,2006(12):45-52.

[121] 赵可,徐唐奇,张安录.城市用地扩张、规模经济与经济增长质量[J].自然资源学报,2016,31(03):390-401.

[122] 赵勇.国外城市群形成机制研究述评[J].城市问题,2009(08):88-92.

[123] 朱宾欣.江苏经济发展质量评价指标体系的构建及有效性检验[J].中国集体经济,2016(04):70-72.

[124] 朱孔来,李静静,乐菲菲.中国城镇化进程与经济增长关系的实证研究[J].统计研究,2011,28(09):80-87.

[125] ARROW K J. Economic welfare and the allocation of resources for invention[M]. Macmillan Education UK,1972.

[126] BARRO R J,LEE J W. Sources of economic growth [C]. Carnegie-Rochester conference series on public policy. North-Holland,1994,40:1-46.

[127] BENNEWORTH P,HOSPERSG J. Urban competitiveness in the knowledge economy:Universities as new planning animateurs[J]. Progress in planning,2007,67(2):105-197.

[128] BOYLE D,HARRIS M. The challenge of co-production[J]. London:new economics foundation,2009,56:18.

[129] CHORIANOPOULOS I, PAGONIS T, KOUKOULAS S, et al. Planning, competitiveness and sprawl in the Mediterranean city: The case of Athens[J]. Cities, 2010, 27 (4): 249-259.

[130] DAGUM C. A new approach to the decomposition of the Gini income inequality ratio[M]. Physica-Verlag HD, 1998.

[131] DAVIS J C, HENDERSON J V. Evidence on the political economy of the urbanization process[J]. Journal of urban economics, 2003, 53 (1): 98-125.

[132] DENNIS A. Urban and regional development planning: policy and administration[M]. Ithaca: Cornell University Press, 1975.

[133] FISHER-VANDEN K, JEFFERSON G H, LIU H, et al. What is driving China's decline in energy intensity? [J]. Resource and Energy economics, 2004, 26 (1): 77-97.

[134] FRIEDMAN J. R. Regional development policy: a case study of Venezuela[M]. Cambridge: MIT Press, 1966.

[135] GARREAU J. Edge City: Life on the New Urban Frontier[M]. New York: A Division of Random House, Inc, 1991.

[136] GUNNAR MYRDAL. Economic Theory and Underdeveloped Regions[M]. Harper & Row, 1957.

[137] KUZNETS S. Economic growth of nations: Total output and production structure[M]. Harvard University Press, 1971.

[138] LIU Y, ZHANG X, KONG X, et al. Identifying the relationship between urban land expansion and human activities in the Yangtze River Economic Belt, China[J]. Applied Geography, 2018, 94: 163-177.

[139] LOSCH AUGUST. The economics of location[M]. New Haven: Yale University Press. 1954.

[140] MLACHILA M, TAPSOBA R, TAPSOBA S J A. A quality of growth index for developing countries: A proposal[J]. Social Indicators Research, 2017, 134: 675-710.

[141] SCHUMPETER J A. The theory of economic

development[M]. Cambridge, MA: Harvard University Press, 1912.

[142] SHU H, XIONG P P. Reallocation planning of urban industrial land for structure optimization and emission reduction: A practical analysis of urban agglomeration in China's Yangtze River Delta. Land use policy. 2019 (81): 604-623.

[143] THOMAS V et al., The quality of growth[M]. World Bank Publications, 2000.

[144] WANG L. High-speed rail services development and regional accessibility restructuring in megaregions: A case of the Yangtze River Delta, China[J]. Transport Policy, 2018, 72: 34-44.

[145] XU X, HU H, TAN Y, et al. Quantifying the impacts of climate variability and human interventions on crop production and food security in the Yangtze River Basin, China, 1990–2015[J]. Science of the Total Environment, 2019, 665: 379-389.

[146] YE C, SUN C, CHEN L. New evidence for the impact of financial agglomeration on urbanization from a spatial econometrics analysis[J]. Journal of Cleaner Production, 2018, 200: 65-73.

[147] ZANAKIS S H, BECERRA-FERNANDEZ I. Competitiveness of nations: A knowledge discovery examination[J]. European journal of operational research, 2005, 166 (1): 185-211.